Rainer Scheunemann & Ralf Seidel

Potenzial im Unterschied

D1665195

Rainer Scheunemann & Ralf Seidel

Potenzial im Unterschied

Lebensphasen von
Menschen und Organisationen

– business edition –
verlag ganzheitlich leben

Impressum:

1. Aufl.: 2012
©Scheunemann & Seidel
Lizenz: verlag ganzheitlich leben gmbh
Umschlagfoto: © Yuri Arcurs, Bild-Nr. 5557956, www.fotolia.com
Umschlaggestaltung & Layout: Michaela Decker | elbenstein-design
Druck: inprint, Erlangen
Printed in Germany

ISBN: 978-3-932185-14-4

www.verlag-ganzheitlich-leben.de

Inhalt

1 Vorwort

Rainer Scheunemann und Ralf Seidel wissen, wovon sie sprechen. Sie vereinen mehrere Jahrzehnte Beratungs- und Managementerfahrung – und repräsentieren verschiedene Generationen. Sie sind in der Organisationsberatung zu Hause – wie auch in der einfühlsamen und intensiven Begleitung von Menschen.

Als Leiter Personal- und Organisationsentwicklung in einem globalen Industriekonzern führte ich selbst ein Team, in dem verschiedene Generationen ebenso wie unterschiedliche kulturelle und Ausbildungshintergründe vereint waren. In dieser Zeit etablierten wir ein mehrfach preisgekröntes Programm zur altersdifferenzierten Personalentwicklung im Hinblick auf den demografischen Wandel.

„Route 66" war der Titel der Veranstaltung für die Zielgruppe der „älteren" Mitarbeiter über 55. Dabei ging es um Themen wie „Erreichtes würdigen, neue Wege vorbereiten, Wissen und Erfahrungen weitergeben, Spuren hinterlassen". Ich habe viel gelernt über die besonderen Stärken und Perspektiven dieser Altersgruppe und von den durch die Autoren entwickelten Methoden und Arbeitsweisen auch persönlich profitiert.

Der differenzierte Blick für Unterschiede ist mir ein Anliegen in meiner Führungs- und Beratungsarbeit. Unternehmen, die es verstehen, die Vielfalt der in ihren Mitarbeitern vorhandenen Potenziale zu erschließen und zu nutzen, haben einen klaren Wettbewerbsvorteil. „Zukünftige Führungskonzepte müssen Unterschiede, Vielfalt und Divergenz mindestens ebenso sehr pflegen wie Einheit, Konsens und Kohäsion", schreibt der Managementvordenker Gary Hamel.

Das alles geschieht hierzulande in einem Kontext, in dem unsere Lebenserwartung jährlich um drei Monate steigt, die Geburtenrate aber beständig abnimmt. Es ist also geradezu eine Notwendigkeit, alle Generationen am produktiven Prozess teilhaben zu lassen, und jeden mit seinen ureigenen Stärken.

Im Alltag eines Managers oder eines Beraters ist das zunächst keine leichte Aufgabe. Vielfalt lässt sich nicht mit Tabellen und Powerpoint managen. Es braucht dazu ein *Mindset* und ein *Skillset*.

Zuerst also eine entsprechende Grundhaltung, an den Unterschieden interessiert zu sein, d. h. jede Gruppe von Menschen in jedem Kontext als einzigartige Mischung mit eigenem Potenzial anzusehen.

Diese Grundhaltung der Wertschätzung und Akzeptanz von Unterschieden spricht konsequent aus jedem Kapitel dieses Buches, was ich als anregend und inspirierend empfinde. Dem Leser eröffnet sich insbesondere ein differenzierter Blick auf Lebensphasen von Menschen und Organisationen. Die pragmatische Umsetzung des kraftvollen Kulturmodells „Graves-Modell", welches auch Nelson Mandela bei der Gestaltung des Übergangs in die Post Apartheid Ära in Südafrika nutzte, versetzt den Leser in die Lage, kulturelle Unterschiede jenseits von Altersstereotypen besprechbar und bearbeitbar zu machen. Ausgestattet mit diesem systemischen Blick werden Möglichkeiten und Grenzen aktueller Führungs- und Personalentwicklungsinstrumente leicht erkennbar.

Zweitens braucht es ein Skillset, also Methoden und Verfahren, um Unterschiede zu kultivieren und nutzbar zu machen. Die zweite Hälfte des Buches beschreibt eine Fülle von Instrumenten und Tools, die Manager und Berater nutzen können, um die Vielfalt ihrer Organisationen und Teams zu erschließen und ihre kollektive Intelligenz nutzbar zu machen.

Damit ist dieses Buch hochaktuell und fügt der aktuellen Diskussion um das Unternehmen 2.0 oder die Zukunft der Führung eine neue und wertvolle Komponente hinzu: Den produktiven Blick auf Unterschiede, die mit den Lebens- und Entwicklungsphasen von Menschen und Organisationen einhergehen. Um ein Unternehmen zu schaffen, in dem jeder einzelne sein Bestes geben kann.

Michael Roehrig
Senior Expert Organizational Development
SAP AG

2. Einleitung – roter Faden des Buches

Dieses Buch entwickelt seine Gedanken in drei Hauptabschnitten:
* Es werden Lebensphasen von Menschen im Arbeitsleben sowie von Organisationen beschrieben,
* anschließend wird reflektiert, welchen Einfluss die dazugehörigen Wertesysteme besitzen,
* um dann Schlussfolgerungen zu ziehen, was dies für die Tätigkeiten des Führens, Beratens und Arbeitens in Organisationen bedeutet.

Der erste und zweite Abschnitt bilden gewissermaßen die Voraussetzung, Ausgangslage und Modellsicht. Der dritte Teil befasst sich damit, was Menschen und Unternehmen in Hinblick auf diesen theoretischen Hintergrund bewirken können. Durch dieses Buch soll der Blick für Unterschiede geschärft und zugleich Wissen vermittelt werden, um hiermit sinnvoll und erfolgreich zu agieren. Zudem wird herausgearbeitet, wie der bewusste Umgang mit unterschiedlichen Lebensphasen von Menschen und Unternehmen zusätzliche Potenziale aktivieren kann.

In unserem Buch wird der kontinuierliche Wechsel der Lebensphasen als Wandel von Möglichkeiten gesehen. Die Menschheit hat mit ca. sieben Milliarden Individuen, von denen keines mit einem anderen identisch ist, ein unglaubliches Potenzial an Unterschieden zu Verfügung. Mit dem Durchleben seiner Lebensphasen trägt jeder Mensch in sich zusätzlich ein großes Spektrum an Möglichkeiten.

Braucht ein Unternehmen das volle Potenzial seiner Führungskräfte und Mitarbeiter? Oder benötigt es nur fertig definierte, normierte, schon vorhandene Fähigkeiten? Diese Frage ist nicht rhetorisch zu verstehen. Sie wird in diesem Buch nicht mit einem einfachen „Entweder- Oder" betrachtet bzw. gar moralisch abgeurteilt.

Nach unserer persönlichen Erfahrung sind die meisten Unternehmen, die an einem langfristigen Überleben und einer kontinuierlich steigenden Entwicklung ihrer Möglichkeiten interessiert sind, unter heutigen Rahmenbedingungen auf das volle Potenzial ihrer Mitarbeiter angewiesen.

Für viele Unternehmen sind heute die wichtigsten Produktionsfaktoren nicht mehr Boden und Rohstoffe bzw. einfache Lohnarbeit oder Kapital, sondern das

Wissen und die Lernfähigkeit der Mitarbeiter (vgl. Fuchs und de Geus). Unter Wissen verstehen wir die Gesamtheit der fachlichen, sozialen und menschlichen Kompetenzen – und unter Lernen die Bereitschaft und Möglichkeit, diese Kompetenzen weiter zu entwickeln. Wenn ein Unternehmen Wissen und Lernen als wichtigste Produktionsfaktoren einschätzt, darf fast kein Preis zu hoch sein, diese zu fördern, um die unterschiedlichen Potenziale der Einzelnen zu erwecken.

Die „Papierlage" und philosophischen Bekenntnisse zu diesen Gedanken sind in vielen Unternehmen teilweise gut entwickelt. Jedoch existieren eklatante Umsetzungsmängel und -lücken. Dieses Buch liefert eine Reihe von konkreten Hinweisen und Hilfen, wie diese zu beheben und zu schließen sind. Dazu muss dem Unternehmen bewusst sein, in welcher Entwicklungsphase es sich gerade befindet und welche Phase ggf. erreicht werden soll.

Jedes Mitarbeiterpotenzial, Strategie und Regelsystem kann gute Voraussetzungen dafür bieten. Es gibt nicht „die" produktiven Mitarbeiter und „die" guten Firmenstrategien oder -regeln. Vielmehr ist entscheidend, in welcher Entwicklungsphase sich ein Unternehmen befindet und welche Ziele vorhanden sind. Wir sehen weder richtiges und falsches Vorgehen noch gute und schlechte Rezepte. Es gibt keine Lehre und Moral in unseren Auffassungen als Autoren.

Als Berater schauen wir:
* ob die Vorgehensweise einer Firma/Organisation kongruent ist mit ihren Zielen
* ob und wie sie ihre Möglichkeiten ausschöpft
* ob dabei stimmig und wirkungsvoll vorgegangen wird.

Wir wollen den Blick dabei auf die Potenziale lenken, die sowohl in den Unterschieden der Lebensphasen der Mitarbeiter/Führungskräfte liegen, als auch auf die Potenziale der Wertesysteme der Unternehmen genauer schauen.

Altersgruppen oder Wertesysteme sind nicht eingeteilt auf einer Skala ihrer augenblicklichen, definierten Brauchbarkeit. Wir betrachten die eigene Entwicklungsdynamik der Menschen – und wie diese von den umgebenden Systemen beeinflusst, gelenkt, gesteuert, gefördert oder gebremst wird. Unser Blick geht also auf die Bedeutung von Werte- und Regelsystemen – für den einzelnen Menschen, in der Gesellschaft wie auch in der Organisation. Dabei ist es für ein Unternehmen wichtig, sich bewusst zu machen, welche Potenziale zurzeit benötigt und zukünftig gebraucht werden. Bedeutsam ist zusätzlich, welche Bandbreite von Verschiedenheit dem betrieblichen Gedeihen förderlich ist.

Für den Praxistransfer werden verschiedene Sichtweisen eingenommen; diejenige der Führungskraft und Mitarbeiter im Unternehmen sowie diejenige der Berater.

Um den Praxistransfer zu erleichtern, sind die in unserer Beratungstätigkeit besonders bewährten Modelle und Sichtweisen als Toolbox zusammengestellt (Kapitel 8.3. ff).

Jede Toolbox bleibt im Kern wirkungslos ohne die innere Bereitschaft
* Unterschiede in den „Lebensphasen"
* den Unternehmensstrategien
* dem Führungs- und Mitarbeiterverhalten
* sowie den jeweiligen Wertesystemen
gelten zu lassen. Ohne Unterstützung können diese sich nicht zu ihren vollen Potenzialen entfalten.

Ein System, das größere Komplexität zulässt besitzt verschiedene Möglichkeiten auf vielfältige, wechselnde Anforderungen zu reagieren – egal ob es sich um Menschen, Unternehmen oder die Gesellschaft handelt. Dabei wird nicht übersehen, dass weniger komplexe Systeme vorübergehend durchaus eine größere Durchschlagskraft besitzen können.
Unsere Empfehlungen gelten nur unter gegebenen Kontexten, Zielen und Bedürfnissen der Auftraggeber. Sie beanspruchen keine Allgemeingültigkeit. Beratung verstehen wir soweit irgend möglich als Hilfe zur Selbsthilfe und als Unterstützung von Selbstorganisation.

Die Autoren vertreten noch nicht einmal eine einzig wahre Sichtweise, von der wir Sie durch eine möglichst auf Stringenz getrimmte Darstellung überzeugen wollen. Durch unsere verschiedenen Lebensphasen haben wir beruflich und persönlich unterschiedliche Hintergründe. Gemeinsam ist die Vorstellung, dass es keine wahren und richtigen, sondern nur kontextbezogen verständliche, stimmige und wirkungsvolle Auffassungen gibt.

So ist dieses Buch formal nicht als eine eindimensional zwingend logische Argumentationskette aufgebaut, sondern soll immer wieder verschiedene Möglichkeiten, Sichtweisen und Aspekte deutlich werden lassen.

Sie als Leser kennen wahrscheinlich sämtliche der beschriebenen Lebensphasen – sowohl als Einzelpersonen als auch als Unternehmen. Wir freuen uns, wenn Sie alle ihre individuell verschiedenen Wege in unserem Buch erkennen, sich von unterschiedlichen Ansätzen und Darstellungsformen inspirieren lassen und für sich stimmige Einsichten daraus entwickeln.

3 Lebensphasen von Unternehmen

Zu Beginn ein erläuterndes Beispiel für das Zusammenwirken der Lebensphasen von Menschen und Unternehmen:

Ein großer Dienstleister im Bereich Informationstechnologie bekommt nach einer Zeit der Stagnation sowie schlechter Kunden- und Ergebnisorientierung (rigide Phase) einen neuen Chef. Dieser versucht mithilfe von Kraft- und Machtdemonstrationen (Pionierphase) etwas zu bewegen. Am Anfang wird viel durch ihn aufgewirbelt. Mit der Zeit verwickelt er sich jedoch in die Paradoxien der rigiden Phase. Er führt nach einem Jahr einen einsamen Vielfrontenkampf, der mit der Vertragsauflösung durch das Aufsichtsgremium endet. Ein gescheitertes, großes Projekt wird als formaler Grund angegeben. Wie es die Art dieses Chefs war, ist er persönlich in die Verantwortung gegangen, zumal er die bisherigen Verantwortlichen für das Projekt abgelöst hatte. Der eigentliche Grund der Vertragsauflösung war jedoch, dass er von kaum jemandem Unterstützung bekam. Er hatte all seine Wirksamkeit verloren.

Nachfolgend beschriebene Unternehmensphasen haben durchaus viele Analogien zu dem Lebensphasenmodell in Kapitel 5.

Phasen sind ein Bündel von Merkmalen, das aus der Beratungs- oder Führungsperspektive etwas typischerweise Zusammengehöriges beschreibt. Das heißt nicht, dass in einem Unternehmen nicht in verschiedenen Organisationsbereichen unterschiedliche Phasen auftreten können. Übrigens: Jede Umorganisation kann den erneuten Durchlauf der Phasen auslösen.

Die Beschreibung der Phasenmerkmale in den Kap. 3.1 bis 3.4 ist sicherlich nicht vollständig. Sie erlaubt allerdings die Zuordnung artverwandter Merkmale oder Phänomene. Was das für den Erfolg oder Misserfolg aus der Führungs- und Beratungsperspektive bedeutet, finden sie ab Kapitel 7.3. Dort geht es dann um die Umsetzung und Nutzung dieses Modells.

3.1 Pionierphase

Alle Start-Up-Unternehmen, z. B. im E-Commerce-Kontext, haben diese Pionierphase durchlaufen, befinden sich noch in dieser oder haben sich inzwischen aufgrund mangelnder Stabilisierung wieder aufgelöst.

Verhalten gegenüber dem Kunden:
* Sehr starke Kundennähe wird praktiziert.
* Es besteht absoluter Vorrang des Kundenwunsches.

Führungsstil/-verhalten:
* Ist sehr stark vom Gründerverhalten geprägt (Individuum/kleines Team, Orientierung vom Chef).
* Chef verlangt viel von sich und seinen Mitarbeitern.

Interne Organisation:
* Die maßgebliche Orientierung erfolgt am Individuum.
* Nur der Chef hat den vollen Überblick.
  Dennoch wissen viele Mitarbeiter fast alles über das Unternehmen.
* Es gibt wenig beschriebene Prozesse/Standards.

Mitarbeiterverhalten:
* Hohe Bereitschaft zu „untypischen" Arbeiten liegt vor (jeder macht alles).
* Mitarbeiter sind hoch motiviert.
* „Einer für alle, alle für einen" – Einstellung und -Handlungsweise dominiert.

Stimmung in der Organisation:
* Experimentierfreude zeichnet die Arbeitsabläufe aus.
* Es besteht eine enge emotionale Verbindung zwischen Chef und Mitarbeiter mit Tendenz zu familienähnlichen Strukturen.
* Objektives Chaos wird subjektiv nicht empfunden.

Besonderheiten:
* Eine Idee/Vision steht im Vordergrund.
* Offenheit für Innovation und engagierte Suche nach dem Erfolgsmuster kennzeichnen die Betriebsabläufe.
* Statt geschriebenen Regeln gilt nur das Wertesystem des Chefs.

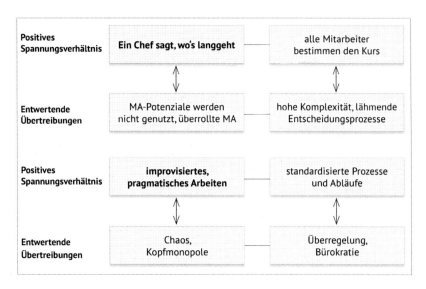

Positives Spannungsverhältnis	Ein Chef sagt, wo's langgeht		alle Mitarbeiter bestimmen den Kurs
Entwertende Übertreibungen	MA-Potenziale werden nicht genutzt, überrollte MA		hohe Komplexität, lähmende Entscheidungsprozesse
Positives Spannungsverhältnis	improvisiertes, pragmatisches Arbeiten		standardisierte Prozesse und Abläufe
Entwertende Übertreibungen	Chaos, Kopfmonopole		Überregelung, Bürokratie

Abb. 1: Zwei Beispiele für Wertequadrate, die das Spannungsverhältnis dieser Phase anzeigen

3.2 Normative Phase

Zur Erreichung dieser Phase müssen die wesentlichen Elemente der Pionierphase „erobert" sein. Die normative Phase wird häufig durch Wachstum ausgelöst oder gar erzwungen. Spätestens ab einer Organisationseinheitsgröße von 15 bis 20 Personen beginnen neue Mitarbeiter häufiger, fehlende Transparenz zu beklagen: „Wer tut denn hier was?" „Wie wird bei uns denn dies oder jenes gehandhabt?" Jetzt geht es darum, Regeln, Prozesse, Rollen und Strukturen zu bilden, weil Menschen „an Bord" des Unternehmens kommen, die dessen Historie nicht kennen. Was sind denn überhaupt die Vision und die Strategie? Müssten diese Abläufe nicht längst über Informationstechnologie viel besser abgebildet werden?

„Standards" in allen Bereichen des Handelns zu schaffen ist das große Thema. Nur mit der Hilfe des Pioniers wird dieser nächste Schritt ohne allzu große äußere Auseinandersetzung möglich. In jedem Fall bedeutet dies für den Pionier eine innere Auseinandersetzung. Sollte es dennoch zu äußeren Auseinandersetzungen kommen, sind neben einer positiven Weiterentwicklung für die Beteiligten drei unangenehme Alternativen denkbar:

- Das Unternehmen löst sich auf. Bei Organisationen, in denen dies nicht so eintreten kann, steigt die Krankenquote. Die Leistung sinkt deutlich ab.
- Das Unternehmen, der Organisationsbereich bleibt in der Pionierphase stecken, stagniert und entwickelt sich nicht weiter. Häufig kündigen gute Leute zu diesem Zeitpunkt (tatsächlicher Wechsel des Arbeitsplatzes oder innere Kündigung).
- Der Pionier wird rausgedrängt.

Verhalten gegenüber dem Kunden:
- Der Kunde steht mit seinen subtilen Bedürfnissen nicht mehr im Mittelpunkt.
- Der Kunde soll kaufen, was produziert wird. Er soll zufrieden sein mit den jeweiligen Kerndienstleistungen.
- Differenziertere Marketing- und Vertriebsstrategien entstehen, die sich an definierten Kundengruppen orientieren.

Führungsstil/Führungsverhalten:
- Konformität mit den Regeln wird besonders unterstützt.
- Der Führungsstil ist häufiger autoritär-administrativ.
- Es zeigen sich viele fein abgestimmte Statussymbole.
- Der Einfluss des Pioniers nimmt ab – eine neue „Macht" entsteht.

Interne Organisation:
- Fehlendes Regelwerk und fehlende Infrastruktur werden zum Arbeitshindernis.
- Neue Funktionen, neue Abteilungen entstehen. Dies führt zu Spezialisierung und schafft eine erste Abgrenzung der Abteilungen.
- Die interne Kommunikation wird zu einem großen Problem und zu einem kritischen Erfolgsfaktor.

Mitarbeiterverhalten:
- Das Individuum soll sich plötzlich mehr in den Dienst des Unternehmens stellen. Dabei werden individuelle Freiräume begrenzt. Widerstände zeigen sich.
- Es kann eine Desorientierung der „alten Hasen" auftreten.
- Erste Tendenzen zu „Dienst nach Vorschrift" können sich zeigen.

Stimmung in der Organisation:

- Beim Eintritt in diese Phase entsteht Verunsicherung. Das Neue hat sich noch nicht manifestiert, das Alte hilft aber nicht mehr weiter.
- Später folgt die Ernüchterung, denn die Bedeutung des Individuums wird subjektiv als abnehmend erlebt. Hierzu trägt bei, dass der Mensch als Kostenfaktor entdeckt wird.
- Traurigkeit tritt auf, die als Widerstand erlebt wird.
  Die Wurzel ist häufig das Abschiednehmen von dem Gedanken „Wir alle als Team" oder dem Erlebnis „einer großen Familie".

Besonderheiten:

- Das Wachstum beginnt. Es werden viele neue Mitarbeiter eingestellt.
- Statt Intuition dominieren jetzt Ordnung, Regeln, Festschreibungen.
- Einzelne Bereiche der Organisation/des Unternehmens entwickeln eine eigene Sprache und eigene Wertevorstellungen.
- Es wird viel über interne Kommunikationsprobleme gesprochen.
- Betriebswirtschaftliche Kategorien stehen erstmals explizit im Vordergrund.
- Versucht wird, eine exakte Zukunftsplanung linear aus den Erfahrungen der Vergangenheit abzuleiten.
- Das qualitative Wachstum hat einen Trend zu „mehr vom selben".
- Der Sinn und Zweck rückt etwas aus dem Mittelpunkt.
  Erste Tendenzen zur Selbstbeschäftigung des Unternehmens bzw. der Organisation sind beobachtbar.

3.3 Rigide Phase

Wenn die normative Phase übertrieben wird und/oder zu lange läuft, folgt die rigide Phase. Aus unserer Sicht befinden sich in dieser Phase z. B. weite Teile des öffentlichen Dienstes und einige der öffentlich-rechtlichen Institutionen (im Finanz- und Versicherungsbereich, Gesundheitswesen) sowie traditionelle Konzernstrukturen. Der Charakter dieser Phase ist beschrieben durch die Aussage: „Viel bewegt sich ... aber letztlich bleibt fast alles so, wie es ist."
Wenn Sie also in diesem Kontext etwas bewegen wollen, stellt das hohe Anforderungen an die Berater- und Führungspersönlichkeit, da viele Paradoxien auftreten. Nachfolgend einige repräsentative Beispiele:

Wunsch nach Kostenbewusstsein	Projekte in Millionenhöhe, die ohne Wirkung verpuffen und wo der Misserfolg keine Konsequenzen für die Verantwortlichen hat (zumindest in einer längeren Zeitspanne nicht).
Wunsch nach Führung	Keine aktive, konfrontierende, ggf. sanktionierende Auseinandersetzung mit den Mitarbeitern.
Wunsch nach Beteiligung an Erarbeitungsprozessen	Kaum Zeit- und Geldbudgets für die wirklich wichtigen Themen. Mangelhaftes Selbst-Management, und/oder mangelhafte Verbindlichkeit in Terminen.
Wunsch nach Veränderung, der sich hauptsächlich über das Beklagen des IST-Zustandes äußert	Wenig Energie, wenn es um Lösungsalternativen und/oder Aktivitätenlisten gehen soll
Wunsch nach kompetenter, nachhaltiger Personalentwicklung	Fast alle PE-Instrumente (Teamarbeit, Mitarbeitergespräche, Führen durch Ziele, etc.) sind vorhanden, aber werden nicht systematisch oder gar flächendeckend nachhaltig genutzt.

Abb. 2: Repräsentative Beispiele der rigiden Phase

Verhalten gegenüber dem Kunden:

- Der Kundenwunsch – oft auch der Kunde – wird aus den Augen verloren.
- In weiten Teilen findet keine konsequente Kundenbetreuung und -entwicklung statt.
- Das andere Extrem: „Geschäft um jeden Preis". Gegenüber dem Kunden wird eher massives Verkäufer- als Beraterverhalten an den Tag gelegt, was sich teilweise in Prahlereien mit den eigenen Fähigkeiten äußert.

Führungsstil/Führungsverhalten:

- Die Kontrolle der Mitarbeiter wird formal erhöht.
- Kosteneinsparungen werden durchgesetzt, oft nach dem Motto „Koste es, was es wolle!"
- Aus dem Gefühl der eigenen Machtlosigkeit entsteht teilweise ein Trend zu Formalien, Regeln, Messbarkeit und eine Entwicklung weg von den Mitarbeitern.

Interne Organisation:

- Infrastruktur und Prozesse sollen perfektioniert, entschlackt und umorganisiert werden. Vorsicht ist geboten: Oft gibt es bei Umorganisationen nur ein „Plätze tauschen" – und keine Lösungen.
- Anzahl, Umfang und Häufigkeit der Berichte werden erhöht.
- Vergütungsmodelle für die Mitarbeiter (oder zumindest für Führungskräfte) werden zu verändern versucht oder tatsächlich geändert.

Mitarbeiterverhalten:

- Die Tendenz zur inneren Kündigung nimmt zu.
- Ca. 10 bis 15 % der Belegschaft (Keyplayer) arbeiten hoch motiviert. Dieser Teil der Belegschaft zeigt überproportional viel Initiative. Die Gefahr des „Burn-out" besteht.
- Dienst nach Vorschrift wird in weiten Teilen offen und verdeckt praktiziert.
- Überstunden, wenn überhaupt zulässig, werden als Stress und Zumutung erlebt.
- Die Bereitschaft der Mitarbeiter zum Wechsel steigt.

Stimmung in der Organisation:

- Extreme herrschen vor:
  - abwartend/gleichgültig,
  - hyperaktiv/hektisch und
  - angespannt/gereizt.
- Misstrauen dominiert das Vertrauen.
- Die betriebliche Wirklichkeit wird als repressiv, erstarrt und einengend empfunden.

Besonderheiten:

- Sehr dominierend ist das Missverständnis, dass die Prinzipien der normativen Phase (immer mehr Regeln) die Probleme der rigiden Phase lösen, was z.B. zur Folge hat:
  - Einstellungsstopp,
  - Zurückstellung von Investitionen (allgemein, gilt aber auch für Innovationen),
  - Einfrieren von Ausbildungsmaßnahmen,
  - Kürzung von Reisekosten und
  - Entstehen hoher Prozesskosten für Kontrolle.
- Statussymbole werden zu beseitigen versucht.
  - Führungsebenen verschwinden.

- Incentives werden gekürzt oder abgeschafft.
- Einzelbüros werden zugunsten von Großraumkonzepten oder täglicher freier Arbeitsplatzwahl in bestimmten Zonen aufgegeben.
- Private Ziele und geschäftliche Belange klaffen bei einer großen Anzahl von Personen immer weiter auseinander: „Mein Potenzial gehört mir und nicht dem Geschäft!"
- Die unausgesprochene wichtige Information überwiegt die ausgesprochene Information um ein Vielfaches.

3.4 Integrative Phase

Zum Erreichen der integrativen Phase muss das Unternehmen/die Organisation nicht nur die drei vorherigen Phasen überleben. Die jeweilige Lektion aus diesen Phasen muss gelernt sein. Wie der Name integrativ bereits sagt, sollen die Qualitäten der Phasen sowie das Wissen von Übertreibungen und Grenzen integriert, d.h. bewusst zu nutzen und gezielt einzusetzen sein. In diesem Entwicklungsstadium liegt eine gesteuerte Koexistenz aller Phasen in den unterschiedlichen Organisationsteilen vor.

Um Missverständnissen vorzubeugen: Das Wissen über die rigide Phase sorgt dafür, dass die Grenzen der „Standardisierung" erkannt werden, ohne allzu lange unproduktiv in dieser Phase zu verweilen. Am Ende dieses Abschnittes wird deutlich, dass es nicht das Ende der Entwicklung bedeutet, einmal die integrative Phase erreicht zu haben.

Verhalten gegenüber dem Kunden:
- Die Kundengruppen werden differenziert betreut und entwickelt.
- Es wird eine große Anzahl spezialisierter Produkte bzw. Dienstleistungen angeboten.

Führungsstil/Führungsverhalten:
- Statt großer Strategien gibt es viele kleine „Taktiken".
- Sich auf den Markt auswirkende Entscheidungen werden nahe am Geschehen getroffen.
- Immer stärker wird der Mitarbeiter zum Mitunternehmer gemacht.
- Es geht immer deutlicher darum, das Potenzial der Mitarbeiter zu nutzen.
- Soweit wie möglich wird partizipativ und kooperativ geführt.
- Die Führungskraft wird zum Dienstleister für die Mitarbeiter.

Interne Organisation:

- Ein hoher Grad an Professionalität ist erreicht, doch der Anspruch wächst weiter.
- Das Zusammenwirken wird durch Sinn und Vision getragen.
- Interne Abläufe und Prozesse werden professioneller Standard und selbstverständlich eingehalten.
- Informationen sind leicht verfügbar und transparent im Zugriff.

Mitarbeiterverhalten:

- Erster Trend: Die Sinnfrage gewinnt an Bedeutung. Ein guter Raum für Selbstverwirklichung wird erlebt.
- Durch die Größe der Organisation und die starke Belastung der Führungskräfte mit vielfältigen Aufgaben kann ein zweiter Trend an Bedeutung gewinnen. Privates Wohlergehen rückt in den Vordergrund und produziert Stagnation und Bequemlichkeit zulasten der Organisation.
- Blinder Gehorsam laut Anweisung (ohne Sinn) wird eher abgelehnt.
- Starke Selbstständigkeit und ein gutes Selbstbewusstsein zeigen sich. Dies stellt erhöhte Anforderungen an die Führungskräfte.

Stimmung in der Organisation:

- Traditionelle Verhaltensweisen ohne aktuellen Nutzen finden wenig Akzeptanz.
- Respekt vor und Akzeptanz von Unterschiedlichkeit sind stark ausgeprägt.
- Die Prinzipien „Kollegialität" und „Freundschaft" sind dominierend.
- Widerstände gegen Hierarchieansprüche sind zu erwarten, die diese nur über Statusansprüche und nicht über Leistung definiert werden.

Besonderheiten:

- Es liegt nun eine Wachstumsphase mit starker qualitativer Prägung vor.
- Wandel wird integriert und Innovation zugelassen.
- Es gibt einen gesteuerten innovativen Neuanfang. Eine Vielzahl von einander widersprechenden Maßnahmen ist Normalität.
- Der Wettbewerb wird intern und extern härter in dem Bestreben, das Niveau zu halten.
- Produktlebenszyklen verkürzen sich in vielen Bereichen.

3.4.1 Ebenen von Integration

Weshalb schaffen es einige Unternehmen, über lange Zeit zu existieren und dabei zu prosperieren?

- Langlebige Unternehmen reagieren sensibel auf ihre Umwelt.
- Langlebige Unternehmen zeichnen sich durch einen festen Zusammenhalt sowie ein ausgeprägtes Identitätsgefühl aus.
- Langlebige Unternehmen sind besonders tolerant gegenüber Aktivitäten in Grenzbereichen. Außenseiter, Experimente und exzentrische Ideen innerhalb des zusammenhängenden Unternehmens werden geduldet.
  Sie erweitern dadurch ständig ihr Wissen und ihre Möglichkeiten.
- Langlebige Unternehmen halten sich an den Grundsatz einer vorsichtigen Finanzierung. Sie sind sparsam und setzen ihr Kapital nicht leichtfertig aufs Spiel.

(Quelle: Arie die Geus, Jenseits der Ökonomie,
Die Verantwortung der Unternehmen, Seite 24 ff.)

Welche Faktoren tragen nicht wesentlich zur Langlebigkeit bei? Die Fähigkeit, eine hohe Kapitalrendite für die Anteilseigner zu erwirtschaften, hat offenbar nichts damit zu tun. Die Rentabilität einer Firma war ein Symptom, aber kein Beweis oder gar entscheidender Faktor für die Gesundheit des Unternehmens.

Die Langlebigkeit eines Unternehmens hängt anscheinend nicht ab von materiellen Vermögenswerten, der Branche, der Produktlinie oder dem Ursprungsland. Zusammengefasst handelt es sich bei dem beschriebenen Unternehmenstypus um ein Unternehmen, das sehr lange in einer ständig wandelnden Umwelt überlebt, weil seine Führungskräfte gute Manager des Wandels sind.

Wieso sind diese Absätze bedeutsam? Die hier beschriebene Dimension will erobert sein, wenn sich weitere Ebenen der Integration auftun sollen.

Weiterführende Gedanken entwickelt Jaworski in seinem Buch „Synchronicity – The Inner Path of Leadership". In dem Kapitel, in dem es um neue Grenzen geht, beschreibt er Szenarien bestmöglicher Entwicklungen. R. Kaku, in Japan Präsident der Canon Inc,. äußert hierin folgende Überlegungen: Heutzutage gibt es nur eine Größe, deren Bemühen, Stabilität in der Welt zu schaffen, ihrem egoistischen Interesse entspräche: nämlich die globalen Konzerne. Seine Erfahrung: Unternehmen durchlaufen vier Stadien.

- Das erste Stadium (entspricht unseren Phasen eins bis drei) ist kapitalistisch und führt zu Kämpfen zwischen Mitarbeitern und Management.
- Wenn dies überwunden ist, wenn Mitarbeiter und Management sich als Schicksalsgemeinschaft erleben, kann es zu Konflikten zwischen dem Unternehmen und der Gesellschaft kommen.
- Im nächsten Stadium sieht sich das Unternehmen als Teil seiner Gesellschaft, seines Staates und gliedert sich in dessen Interessen ein. Das führt dann zu Konflikten auf internationaler Ebene.
- An seinem 50. Geburtstag beschloss Kaku, seinen Konzern auf die vierte Stufe zu heben und sich dafür einzusetzen, die wachsende Ungleichheit auf der Welt und die daraus resultierenden Konflikte zu bekämpfen, sowie sich dafür verantwortlich zu fühlen. Seiner Meinung nach handeln Politiker und Regierungsbeamte naturgemäß aus nationalem Interesse. Weltweite Konzerne können jedoch nur in einer friedlichen, stabileren Welt Geschäfte machen.

4 Gesellschaftliche Rahmenbedingungen für die Lebensphasen der Einzelnen

4.1 Istzustand

In den vergangenen 30 bis 40 Jahren herrschte in der Gesellschaft und auf dem Arbeitsmarkt im Schwerpunkt ein Jugendkult. Junge, dynamische Mitarbeiter wurden gesucht:
- gesund, engagiert, hochleistungswillig, belastbar
- nicht allzu sehr mit privaten familiären Interessen „belastet"
- Flexibel, bereit und fähig, sich an vorgegebene Regeln und Anforderungen anzupassen
- gleichzeitig kreativ und offen, neugierig für jede Innovation
- bereit, mit der sinkenden Halbwertszeit des Wissens Schritt zu halten.

Zwei- bis Dreisprachigkeit und mehrjährige Berufs- und Auslandserfahrung sind selbstverständliche Voraussetzungen.

Und solange es ein Angebot gab, konnten die Anforderungen sich stetig verschärfen. Ab dem 30. Lebensjahr nahmen die Chancen auf dem Arbeitsmarkt ab und sanken mit über 50 gegen null. Trau keinem über 30 – der Slogan der

Studentenbewegung wurde zur harten Realität für Arbeitnehmer. Mitarbeiter schon ab 40 Jahren wurden weniger bis gar nicht mehr zu Fortbildungen geschickt. Die Karriereleiter aufzusteigen wurde schwieriger – nur Führungskräfte bildeten hier die Ausnahme.

Alte Sichtweisen halten sich hartnäckig. Von allen Seiten bekommen ältere Mitarbeiter gespiegelt: „Deine Chancen sinken!"
Das sagt ein Blick in die Stellenangebote, und das lesen sie in den Gesichtern von Kollegen und Führungskräften. „Dein Wissen ist veraltet (was bei einer Halbwertszeit des Wissens, die heute ca. zweieinhalb Jahre beträgt, sehr schnell passiert). Neues lernst du nicht mehr so leicht. Mit unserem Tempo wirst du bald nicht mehr mithalten können."

Nicht nur in den Unternehmen, den Medien und der Werbung ist diese Entwicklung deutlich erkennbar. Im gesellschaftlichen Selbstverständnis wurde Ältersein zum Stigma, Älterwerden zum Schreckgespenst. Die Entwicklung nach dem 45. Lebensjahr gilt schlicht als Wertminderung.
„Alle wollen alt werden, aber niemand will älter werden oder alt sein" sagte einmal eine alte Dame in ihrem 90. Lebensjahr.

Aus dem Blick gerät dabei, dass Älterwerden mit einem Zuwachs an Wissen, Erfahrung, Reife, einem „Es schon Können", verbunden sein kann. Ganz außer Sicht bleibt, dass Älterwerden weder schlichtes Wachstum noch Verfall, sondern ein Wandel in Lebensphasen mit anderen Qualitäten sein kann.

Mit Kleidung, Kosmetika und Diäten, Lifestyle-Pillen, Trainings- und Fitnessprogrammen wird gegen diesen „körperlichen Verfallsprozess" angekämpft. Zudem wird versucht, die Sprache der Jugend zu übernehmen, ihre Anschauungen, ihre Form der Lebensgestaltung sowie ihr Verhalten. Wenigstens jung erscheinen und „noch können", was die Jungen können – das ist das Ziel.

Doch diese Anstrengungen, mit den Jungen auf dem Gebiet des Jungseins zu konkurrieren, sind vergeblich. Wer sich mit den Eigenschaften der Jugendlichkeit identifiziert, verliert damit auch sein Selbstwertgefühl, seine Power und seinen Antrieb und macht sich zum „Loser".

Ältere Menschen verschanzen sich als Reaktion hinter dem, was sie haben:
- Positionen, die sie mit Machtkämpfen und Intrigen festzuhalten versuchen,
- Informationen, Wissen und Know-how, das sie nicht weitergeben.

Sie gehen in innere Kündigung, vergraben sich und werden tendenziell zu dem, als was sie ohnehin angesehen und wozu sie somit auch gemacht werden: zu Störfaktoren, die man auf Abstellgleise stellt, allerdings zu enormen betriebs- und volkswirtschaftlichen Kostenfaktoren (vgl. Malik on Management, Nr. 6/99, Zürich).

Um betriebswirtschaftliche Kosten zu senken, waren zeitweilig der Vorruhestand oder die bezahlte Arbeitslosigkeit probate Modelle. Daraus resultierte eine doppelte Belastung für die Volkswirtschaft: direkt durch die Renten bzw. die Arbeitslosenunterstützungen sowie indirekt durch das Verschrotten eines ungeheuren Potenzials an Wissen, Erfahrung und Können.

„Eine Entwicklung zeichnet sich deutlich ab – Frührente war früher. Heute ist nach aktuellen Auswertungen vom Juni 2011 die Quote deutscher Erwerbstätiger zwischen 55 bis 64 Jahren von 37 Prozent aller Erwerbstätigen im Jahr 2000 auf 56 Prozent 2011 angestiegen. So stark wie in keiner anderen Altersgruppe. Selbst nach Erreichen des 65. Lebensjahrs sind in Deutschland noch 4 Prozent erwerbstätig.
(Quelle: Jens Hollmann, Katharina Daniels
„Anders wirtschaften – was Erfolgreiche besser machen")

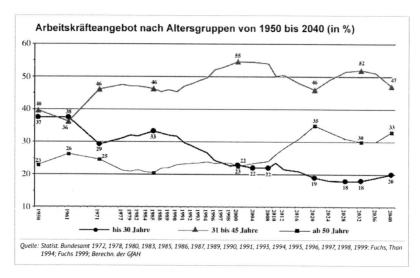

Abb. 3: Der Altersscheren-Effekt

Die Situation ist also folgende:

- Junge, die leicht formbar sind, findet man immer weniger.
- Viele mittleren Alters ziehen sich bereits in innere Kündigung zurück.
- Ältere werden teilweise noch freigesetzt oder aber inzwischen auch als Fachkräfte umworben.

Ein Trend wird immer deutlicher: „Kommt wieder oder bleibt, wir brauchen euch doch noch!" Die Älteren von heute sind fit, durchtrainiert, jugendlich und hoch motiviert – alles Voraussetzungen, um zu arbeiten. Sie sind also „eigentlich noch jung".

So anerkennend dies gemeint ist liegt die Vermutung doch nahe, dass die Älteren sich unter Druck gesetzt fühlen, mit den Jungen zu konkurrieren. Sie ignorieren deren dazu gewonnenen und veränderten Kompetenzen. Vor dem Hintergrund dieses Ansatzes werden zudem alle möglichen Fortbildungen für Ältere angeboten, um sie wieder „fit" zu machen, so dass sie „mithalten" können.

Wir werden auf diese teils produktiven, teils zweischneidigen Konzepte später eingehen (z. B. im Kapitel „Reife"). Mittlerweile existieren zahlreiche Untersuchungen, in denen zwischen den Kompetenzen Junger und Älterer unterschieden wird. Manche Kompetenzen nehmen mit dem Älterwerden ab, manche nehmen zu oder entwickeln sich sogar dann erst.

Lebensalter	Wollen – Bereitschaft	Dürfen – Möglichkeit	Können – Fähigkeit
20 – 35 Jahre Einstieg	Hohe Einsatzbereit-schaft Es werden noch keine gehobenen Bedingun-gen gestellt	Ausprobieren der Handlungsmöglich-keiten und Einsatz-felder	Flexibilität, Neugierde, Aufnahmevermögen, Geschwindigkeit
35 – 45 Aufbau	Engagement ist an die eigenen Entwicklungs-möglichkeiten ge-koppelt	Handlungsfelder sind persönlich etabliert, oder es entsteht eine Wandlung der Werte	Kenntnisse und Durchsetzungsvermögen
45 – 55 Konsolidierung	Ausgelotete Entwick-lungsmöglichkeiten Sie wirken in Abhän-gigkeit des Erlebens verstärkend oder lähmend	Der eigene Spielraum ist bekannt und in der Regel auch akzeptiert, teilweise auch zu früh begrenzt	Erfahrungen- und Reflektionsmöglichkeiten
55+ Stabilität	Weitergabe von Wissen und Erfahrung	Die eigene Erlaubnis bzw. Freiheit steigt, wird aber durch die Umwelt eingegrenzt	Wissen um Abläufe, Einflussmöglichkeiten und Netze mit Menschen; Realitätssinn

Abb. 4: Motivationsmuster in Abhängigkeit vom Lebensalter

Jungen und Alten (50+) werden demzufolge unterschiedliche Kompetenzen zugestanden – z. B. flexibel und anpassungsfähig die einen, erfahren und mit „kristalliner" Intelligenz ausgestattet die anderen.

Dieser Ansatz will der Verschiedenheit Rechnung tragen, macht Unterschiede jedoch an verschiedenen definierten Brauchbarkeiten fest: Die einen sind gut für das eine, die anderen für das andere. Gleichzeitig wird nahegelegt, dass Menschen in diesen Gruppen vorgegebenen Standards entsprechen: Du bist jung, dich brauchen wir dafür, du bist älter, dich brauchen wir dafür. Dadurch werden zwei feste Gruppen definiert: die von 20 bis Ende 40 und die von 50 an aufwärts. Dies könnte den Generationskonflikt und -kampf weiter zementieren, anstatt ihn aufzulockern – mit entsprechendem Energie- und Produktivitäts-verschleiß.

Der Blick auf Führungskräfte und Mitarbeiter unter dem Aspekt ihrer maxima-len Brauchbarkeit kann zudem schlimme Folgen haben. Die Jungen werden zu größtmöglicher Leistung, Flexibilität und Anpassung angehalten mit der großen Gefahr des Burn-outs. Umso schärfer wird eine eintretende Krise von ihnen erlebt, sobald sie diese Kriterien nicht mehr erfüllen. Übergangs- und Teilzeitverträge erwecken bei Älteren nicht selten den Eindruck, dass sie nur gehalten werden, damit sie noch rasch bis zur endgültigen Abschiebung ihre gewonnenen Fähigkeiten und Erfahrungen einbringen und weitergeben können. Mit welcher Motivation sollten solche Arbeitnehmer ihre Erfahrungen weitergeben? Dieses Vorgehen motiviert und unterstützt alle Betroffenen in keiner Weise. Es ist vordefiniert und eingegrenzt, wer wofür gebraucht wird und in welcher Weise er/sie für vorgegebene Zwecke genutzt werden sollen.

Unseres Erachtens ist die Vorstellung unrichtig, dass die Zwecke und Erfordernisse von Unternehmen vollständig vorgegeben und festgelegt seien. Im Kapitel „Lebensphasen von Unternehmen" wurde gezeigt, dass Unternehmen in den verschiedenen Phasen Führungskräfte und Mitarbeiter mit ganz unterschiedlichen Kompetenzen brauchen. Wenn Unternehmen die Integrationsphase erreichen wollen, sodass für sie auch bei großen gesellschaftlichen Veränderungen eine Chance auf Langlebigkeit besteht, brauchen sie Raum für Unterschiede und für Potenziale. Deren unmittelbare „Brauchbarkeit" mag im Augenblick noch gar nicht genau abschätzbar sein. Die Unternehmen werden allerdings befähigt, mit Unvorhersehbarem fertig zu werden.

„Langlebige Unternehmen waren besonders tolerant gegenüber Aktivitäten in Grenzbereichen: Sie duldeten Außenseiter, Experimente und exzentrische Ideen innerhalb des zusammenhängenden Unternehmens und erweiterten dadurch ständig ihr Wissen und ihre Möglichkeiten". (de Geus, Arie, a. a. O., S. 25)

Deswegen nennen wir unseren Ansatz „Potenzial im Unterschied" – und Potenzial heißt für uns Möglichkeit. Wir wollen die Möglichkeiten aufzeigen, die in verschiedenen Entwicklungsphasen von Unternehmen und Menschen stecken. Hier werden Bedingungen beschrieben, die diese Potenziale zur vollen Entfaltung bringen. Es schränkt die Möglichkeiten der Möglichkeiten, die Potenziale der Potenziale verhängnisvoll ein, wenn man stattdessen nur fragt: Was können unter bestimmten, festgelegten Bedingungen die jeweiligen Unternehmen oder Menschen an vordefinierten Leistungen erbringen?

Die Natur gibt unendlich viele Beispiele dafür, wie durch den Reichtum der Artenvielfalt die Überlebensfähigkeit der jeweiligen Spezies gesichert wird:
* Der Luxus des riesigen „Potenzials im Unterschied" von 1500 Reissorten garantierte der Welt Reisernten unter wechselnden Bedingungen.

Die heutige Tendenz, wenige Sorten auf höchsten Ertrag zu züchten, macht Reisernten sehr störanfällig gegenüber Parasiten und Manipulationen.

* Der Reichtum von Millionen von Arten garantiert, dass das Leben auf dieser Erde unter unzählbar vielen Bedingungen möglich ist.
* Im Urwald gibt es 300 000 Käfersorten – wenn eine davon die richtige wäre, hätte eine einzige genügt.

4.2 Möglichkeiten

Potenziale nutzen oder vordefinierte Leistungen verlangen? Jedes Unternehmen und jede Führungskraft muss sich die Frage stellen, ob von den Mitarbeitern nur vordefinierte, standardisierte Leistungen erbracht werden sollen. Oder sollen diese so gefördert und in ihrer Entfaltung unterstützt werden, dass sie mit Freude und Begeisterung Höchstleistungen vollbringen?

Mihaly Csikszentmihalyi beschreibt den Zustand, in dem Menschen ihr Bestes geben, als „Flow" (= Fließen). In seinem gleichnamigen Buch beschreibt er mehrfach die Erfahrung von Künstlern, wenn sie sich in ihrer Arbeit in Höchstform fühlen: Sie seien in einem derart ekstatischen Zustand, dass sie überhaupt nicht mehr das Gefühl haben, etwas zu „tun".
Ihre Hände, mit denen sie komponieren oder malen oder Skulpturen gestalten, schienen nicht zu Ihnen zu gehören, und als hätten sie mit dem, was da geschieht, nichts zu tun, als fließe es von ganz allein. (a. a. O., passim)

Viele Menschen kennen dieses Erlebnis. Sportler, Künstler, Ärzte, Ingenieure, Manager und Sammler berichten davon, wie sie sich bei einer Lieblingsaktivität selbst übertroffen haben. Kennzeichen des Fließens ist ein Gefühl spontaner Freude, ja sogar Verzückung. Das Fließen trägt, weil es sich so gut anfühlt, seinen Lohn bereits in sich. Es ist ein Zustand, in dem man ganz und gar in dem aufgeht, was man macht, ihm seine ungeteilte Aufmerksamkeit schenkt, sodass das Bewusstsein nicht mehr vom Handeln getrennt ist.

Das Fließen wird sogar unterbrochen, wenn man nur allzu sehr darüber nachdenkt, was gerade geschieht. Der bloße Gedanke „Das mache ich großartig!" kann das Fließen stören.
In einem Seminar für Führungskräfte wurde gefragt, welche Teilnehmer sich zutrauen, ein „besonders schwieriges" Pferd von x nach y zu führen. Eine Teilnehmerin meldete sich, die sich gut mit Pferden auskannte.

Als sie das Tier dann tatsächlich schon die Hälfte des Weges geführt hatte, sagte sie sich: „Ich bin klasse!" In demselben Moment blieb das Pferd stehen und war durch nichts mehr zum Weitergehen zu bewegen.

Das Fließen ist ein Zustand der Selbstvergessenheit, das genaue Gegenteil von Grübeln und Sorgen. Statt sich in aufgeregten Gedanken zu verlieren, gehen Menschen im Zustand des Fließens so vollständig in der vorliegenden Aufgabe auf, dass sie jegliches Bewusstsein von sich selbst verlieren und die Alltagssorgen von ihnen abfallen.

Und obwohl Menschen im Zustand des Fließens ihre Höchstleistungen vollbringen, denken sie nicht an Erfolg oder Versagen – es ist die reine Freude am Tun, die sie motiviert.

Diesen Zustand erreichen arbeitende Menschen jedoch nur, wenn sie sich in ihren ureigenen, spezifischen Möglichkeiten ausdrücken können. Diese Potenziale sind unendlich verschieden und ändern sich in ihren Qualitäten, Wertungen und Orientierungen mit wechselndem Lebensalter sowie unter verschiedenen Rahmenbedingungen.

Die unendliche Vielfalt der individuellen Begabungen, Fähigkeiten und Möglichkeiten wird in unserer Gesellschaft zugunsten von standardisierten Leistungsanforderungen eher unterdrückt als gefördert. Das beginnt bereits in der Schule. Alle sollen den gleichen Fächerkatalog zumindest durchschnittlich befriedigend absolvieren. Sämtliche Schüler sollen nach der gleichen Methode und in der gleichen Zeit lernen. Die einen langweilen sich dabei zu Tode, wieder andere erleben sich dabei als Versager, weil sie keinen Raum erhalten, in dem sie ihre vielleicht hohen kreativen, sozialen, pragmatisch kaufmännischen, körperlichen oder menschlichen Kompetenzen erleben und durch Wertschätzung und Unterstützung zur Entfaltung bringen könnten.

In der sogenannten Pisa-Studie liegt die deutsche Jugend im internationalen Wissensvergleich auf Platz 16 (Stand 2009)! Dass deutsche Oberschüler und Studenten erheblich team- und kooperationsfähiger sind als z. B. ihre französischen Altersgenossen, kommt hierbei überhaupt nicht zur Geltung. Dieses Kriterium wurde schlichtweg nicht berücksichtigt, obwohl sich die Frage stellt, ob Teamfähigkeit in Zukunft nicht viel wichtiger ist als abfragbares Wissen, das aus dem Internet gezogen werden kann. Aber da Teamfähigkeit offenkundig kein wichtiges Kriterium ist, wird dieses eminent wichtige Potenzial in Zukunft „zugunsten" standardisierter Fähigkeiten ggf. weniger gefördert.

So geht es für viele Menschen in der Arbeitswelt weiter. Bestimmte Fähigkeiten werden gut bewertet und gefördert, andere unterdrückt oder nicht erschlossen. Hierbei ist nicht sicher, ob nicht gerade diese gering bewerteten Kompetenzen einmal für das Unternehmen oder die Gesellschaft existenziell notwendig sein werden – wie zum Beispiel die erwähnte Teamfähigkeit.

Um Projektkosten zu sparen, werden Meetings reduziert oder verkürzt – teilweise so radikal, dass echte Kommunikation zu komplexen Themen nicht mehr stattfindet.
Die Versuchung, in einem solchem Konstrukt nur Personen zu schicken, die „funktionieren", ist groß, doch werden hierdurch die Räume des Lernens und Ausprobierens immer kleiner.

Im Jugendwahn werden bestimmte Fähigkeiten junger Menschen zum Standard für alle gesetzt (z. B. Anpassungsfähigkeit). Andererseits wurde der Wert jugendlich-rebellischer Aufmüpfigkeit, origineller Kreativität und des Querdenkertums vielerorts nicht geschätzt und eher unterdrückt, bis es plötzlich nach Jahrzehnten hieß: Querdenkertum ist ja ein ganz wertvolles „human capital"! In seinem Buch „Business Reframing" gibt Wolfgang Berger schöne Beispiele hierzu.

So können die unterschiedlichen Potenziale
(von Individuen oder Lebensphasen)
* durch vordefinierte Erwartungen und Forderungen,
* in sich geschlossene und auf Ewigkeit angelegte Leistungsprofile
als schlecht bewertet und damit unterdrückt werden. Eine andere Möglichkeit ist die Anerkennung und das Zugeständnis von Entfaltungsmöglichkeiten. Dann reifen neue Potenziale und neue Qualitäten. Diese konsolidieren sich und tragen Früchte.

Manche Menschen bleiben immer in einer Phase stecken, z. B. des ewig jung bleibens. Solange sie auf diese Weise produktiv sind, ist alles gut. Genauso wie manche Unternehmen niemals die Pionierphase verlassen, weil die Umstände es erlauben oder bis sie untergehen.
Viele stoßen dabei an eine Grenze: Das Alte ist für neue Herausforderungen nicht mehr stimmig, wodurch eine Krise entsteht. Da das Neue noch ungewohnt und nicht erprobt ist, folgt zunächst Verunsicherung. Dies wird dann als Nachlassen von Fähigkeiten, als „Schlechter-werden" und als Versagen erlebt.

Je stärker das Umfeld signalisiert, dass die bisherigen Qualitäten gut und einzig richtig waren, umso mehr verunsichert der Wandel, der als pathologisch, bedrohlich und schlecht empfunden wird.

Die Neigung entsteht

• zu beobachten und Veränderungen zu verbergen.
• am Alten krampfhaft festzuhalten, um nicht aussortiert zu werden.

Der Betroffene „versteinert" dann im Alten, erlebt inneren Antriebsverlust oder bricht zusammen (Burn-out).

Man kann den Wechsel der Lebensphasen und Krisen als natürlichen und lebensnotwendigen „Fluss des Wandels" beschreiben. Eine solche Sicht kann den Einzelnen und das Umfeld dabei unterstützen, Krisen als etwas Positives zu erleben.

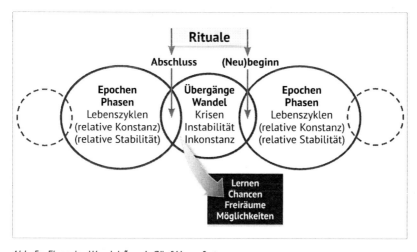

Abb. 5: „Fluss des Wandels" nach Göpf Hasenfratz

Potenzial im Unterschied zu fördern bedeutet, Neues nicht schlechter einzustufen als Altes, sondern es als neu und anders zu bewerten. Derart erkannt und von außen unterstützt wird es leichter angenommen und kann sich entfalten. Älterwerden tritt dann nicht auf als „Schlechter- oder Besser-werden" in Konkurrenz mit Jungsein. Es wird verstanden als Wachsen und Reifen. Wandel unterstützt Neues und macht dieses nutzbar.

Wichtig ist Krisen als notwendigen Schritt zum Wandel zu sehen, als Übergang, der gefördert und positiv gestaltet werden will.

Die Krise braucht also keine Therapie in dem Sinne, dass etwas falsch gelaufen bzw. etwas krank (pathologisch) ist – sie benötigt Hilfe zum Wandel. Diese Unterstützung kommt am besten von Beratern, Coachs und Führungskräften, die bereits so frei sind, dass sie:

* einen weiten, tolerierenden Blick für Unterschiede besitzen,
* unterschiedliche Qualitäten und Fähigkeiten anerkennen können,
* verschiedene Arten zu sein und zu handeln akzeptieren,
* sowie eine Mentorenhaltung in sich tragen (siehe Kapitel „Haltungen").

Diese Unterstützung ist deshalb wichtig, da man selbst als Betroffener die Tendenz hat, dort stehen zu bleiben, wo man ist.

Das Umfeld neigt dazu, einen dort festzuhalten, wo man bisher gut war und bestimmte Kompetenzen entwickelt hatte, mit denen man sich eine bestimmte Position und Hierarchiestufe erkämpfen konnte.

Gerade bei diesen Übergängen sind Seminare zur Persönlichkeitsentwicklung sehr hilfreich – nicht als Nachhilfe für technisch erlernbare kommunikative und soziale Kompetenzen, sondern als Hilfe beim Übergang zu etwas Neuem. In unserer Zusammenfassung des Buches von Stephen Jaworski „Synchronicity" bringen wir als Beispiel eines seiner Leadershiptrainings (s. Anhang).

Gerade der insulare Charakter solcher Seminare außerhalb des Unternehmens ist hilfreich, da so wirklich neue Erfahrens- und Erlebniswelten geboten werden. Effektiv sind diese Seminare natürlich nur, wenn dem „Gewandelten" im Unternehmen Raum gegeben wird, seine neuen Kompetenzen anzuwenden. Sonst geschieht genau das, was immer wieder beklagt wird: Mitarbeiter kommen erneuert und motiviert vom Seminar. Diese Wirkung verpufft jedoch schnell im Tagesgeschäft.

Den neuen Möglichkeiten Raum zu geben gelingt den Firmen nur, wenn sie nicht ausschließlich standardisierte Kompetenzprofile und Potenziale für das einzig Wahre halten. Hier werden Mentoren benötigt.

Diese Berater können dann verdeutlichen, in welcher Phase das Unternehmen steckt. Sie können aufzeigen, in welchen Kontexten es an bestimmten Stellen Raum für Unterschiedlichkeiten geben sollte, damit das Unternehmen dem eigenen Wandel und demjenigen der Gesellschaft produktiv begegnen kann.

5 Lebensphasen von Menschen

Grabinschrift

» Als Knabe verschlossen und trutzig,
als Jüngling anmaßlich und stutzig,
als Mann zu Taten willig,
als Greis leichtsinnig und grillig!
Auf deinem Grabstein wird man lesen:
Das ist fürwahr ein Mensch gewesen! «
Johann Wolfgang von Goethe

Seit Urzeiten gibt es die Vorstellung, dass das menschliche Leben in voneinander abzugrenzenden Phasen verläuft. Die Anthropologin Angeles Arrien stellt das in ihrem Vortragswerk „The second Half of Life" so dar:
„Es gibt drei Lebensaufgaben, die in den Kulturen der Naturvölker auch den Lebensaltern gleichgesetzt werden:

*   Die Jugend bis 35 (Triumph): Hier müssen wir so viele Talente und Stärken wie möglich entwickeln.
*   Die mittlere Zeit bis 55: Hier müssen wir das authentische Selbst finden und ausdrücken (redreaming, reviewing or revisioning our lifes).
*   Das Alter ab 55: Hier müssen wir selbstständig den eigenen Charakter prägen, Wissen und Erfahrung weitergeben."

Die meisten der gängigen Darstellungen von Lebensphasen und Lebensaltern beziehen sich direkt oder indirekt auf das Modell von Rudolf Steiner. Er fasst das Leben als in sieben Jahreszyklen ablaufend auf mit genauer Beschreibung, was inhaltlich in jeder Phase geschieht.
Daran angelehnt verfasste Romano Guardini eine heute einflussreiche Darstellung der Lebensphasen, in der er sich aber vom Siebenjahresschema löst. Er legt besonderes Gewicht auf die Bedeutung der Krisen, die den Wandel von einer Phase zur nächsten begleiten oder überhaupt erst ermöglichen.
Peter Gruber und Stefan Latt haben Guardinis Konzept grafisch dargestellt. Wir geben ihre Darstellung als Beispiel für viele Schemata wieder.

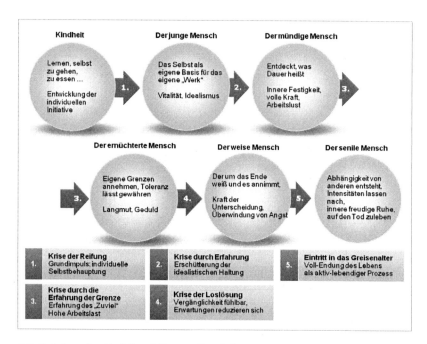

Abb. 6.: Lebensalter-Modell nach Romano Guardini

Wir unterscheiden hier hauptsächlich vier Phasen: Jugend, mittlere Zeit, Reife und Ältersein. Man könnte weitaus mehr Phasen beschreiben, und wenn diese früher bei Naturvölkern eher nach inneren Gesetzmäßigkeiten ablaufen, gleichsam wie ein biologischer Reifeprozess, so vollzieht sich in unserer Gesellschaft die Entwicklung als ein systemischer Zusammenhang von Person, Umfeld, Arbeitswelt, gesellschaftlichen Bedingungen, Vorstellungen und Regeln. Sie ist also von vielen Faktoren beeinflussbar.

Gewöhnlich wird der Wechsel von einer Phase zur anderen – genauso wie auch zu langes Verharren in einer Phase – als Krise erlebt. Bei der Beschreibung der einzelnen Phasen wird auf diesen Punkt genauer eingegangen. Wie solche Krisen als Chance in einem „Fluss des Wandels" erlebt und gestaltet werden können, zeigt die Grafik von Göpf Hasenfratz auf Seite 27 (Abb. 5).

Die einzelnen Stadien können unterschiedlich lange dauern. Die genannten Altersangaben dienen nur als Anhaltspunkte. Ein Mensch kann schwerpunktmäßig sein ganzes Leben lang in einer dieser Phasen leben.
Er kann allerdings in verschiedenen Lebensbereichen zur gleichen Zeit in

unterschiedlichen Phasen stecken (ein Fünfzigjähriger, der beruflich im Zenit steht, kann privat gerade erst eine Familie gründen usw.).

In unserer Beschreibung wird nicht auf alle Aspekte der Lebensphasen eingegangen. Wir beschränken uns auf die in der Arbeitswelt sowie für unsere Thematik wichtigen Gesichtspunkte des „Potenzials im Unterschied".

5.1 Jugend

5.1.1 Beschreibung

Der junge Mensch entdeckt die Welt. Und er möchte, dass sie ihn entdeckt; und er will diese Welt als seine gestalten.

Die Welt entdecken bedeutet das kindlich-spielerisch Neugierige, das Wissen- und Verstehen-wollen, und das Erfassen, wie etwas funktioniert. Mit diesem pionierhaften Schwung lernt der junge Mensch. Dort kann sich die Begeisterung am stärksten entfalten, wo etwas noch offen ist und es tausend neue Wege zu entdecken gibt. Das ist beispielsweise die Faszination der Welt der Computer (zumal alles nach verstandesmäßig erfassbaren Regeln wie ein Spiel abläuft). Gleichzeitig erhält man ständig Rückmeldung, ob man richtig verstanden hat – also eine Anerkennung.

Darin zeigt sich der Gegenpol des Entdeckerdranges, der ins Unbegrenzte vorstoßen will: ein Bedürfnis nach Zugehörigkeit zur Familie, zum Kreis der Altersgenossen, zum Unternehmen. Dieses kann sich als ein Bedürfnis nach Sicherheit und festen Regeln manifestieren. Werden im jungen Menschen Angst und Unsicherheit gefördert, kann dieses Sicherheitsbedürfnis schon bald stark überwiegen und die Entdeckerfreude unterdrücken.

Das Bedürfnis nach Anerkennung ist eine weitere Triebkraft: man wird gesehen und bestätigt. Alles, was dieses ausdrückt, ist attraktiv: Lob, Bewunderung, gefragt und wichtig sein, Aufstieg, Geld, Statussymbole.

Hier tritt ein weiteres Spannungsfeld auf: Die eigenen Fähigkeiten werden entwickelt mit dem Wunsch, sich damit in der Welt zu manifestieren, seinen Platz zu finden, sich zu zeigen und zu beweisen, die Welt zu seiner eigenen zu machen und sie nach dem eigenen Bild zu verändern, zu beeinflussen.

Darin steckt der kindliche, nicht korrumpierte Ethos – aber auch der jugendliche Eroberungsdrang – die Welt der Alten abzuschaffen und nach dem eigenen Bedürfnis, den eigenen Vorstellungen zu gestalten. Hierin steckt Potenzial zu großer spontaner Kreativität.

Auf der anderen Seite will der junge Mensch genau damit gesehen und anerkannt werden. Selbst die scheinbar eigenwilligste, rebellischste Tat will im Grunde gelobt und bewundert werden. Das kann als Widerspruch erlebt werden, sodass sich eigentlich ergänzende Kräfte polarisieren.
Die einen, die im Protest verharren und auf offizielle Anerkennung verzichten, steigen aus. Die anderen lernen, tun und leisten alles, nur um anerkannt zu werden. Hier entsteht aus der flexiblen Lernfähigkeit eine große Anpassungsbereitschaft und Formbarkeit.
Das Denken, Fühlen und Handeln sowie die frisch gelernten menschlichen und sozialen Kompetenzen passen sich schließlich dem an, was gefordert wird.

Krise
Jugend ist eine natürliche Phase im Lebensprozess. Weder der beste noch der schlechteste Lebensabschnitt: in diesem Sinne bleiben manche Menschen immer jung. Das kann ein Stehenbleiben sein, ein „Im-Leben-nicht-weitergehen-wollen" oder einfach ein Charakteristikum dieser Menschen, die sich die jugendliche Beweglichkeit und Ungebundenheit erhalten wollen. Oft sind dies Singles, die dann auf feste Bindungen verzichten.

Wenn der junge Mensch sich verlocken lässt, sich vollkommen für Leistung, Arbeit, Aufstieg oder Anerkennung zu verausgaben, kann es zum Burn-out kommen (siehe Kapitel 7.2 „Leben und agieren in den jeweiligen Lebensphasen").

Für die meisten Menschen bewegt sich diese Phase aber auf einen Wandel zu. Er wird als Krise bewertet und manchmal als Verlust erfahren. Etwas Vertrautes und Altes verliert sich, und dass noch nicht bekannte Neue verunsichert.
Die spielerische, unbefangene Kreativität verliert sich, je mehr es in den Existenzkampf, das Erreichen von Positionen usw. geht. Maximale Flexibilität sowie Hochleistungsfähigkeit und -willigkeit nehmen ab. Viele erleben einfach eine Ermüdung bezüglich der Ungebundenheit und des ständigen Wechsels.
Es kommt der Wunsch nach emotionalen Beziehungen, nach Einbindung und Beständigkeit. Die Kreativität, der Sinn für das Mögliche begrenzt sich durch die Erfahrung der Wirklichkeit und macht einem zunehmenden Pragmatismus Platz.

5.2 Mittlere Phase: Konsolidierung (entsprechend normativer Phase)

Die mittlere Lebensphase wird eingeleitet, wenn nicht durch individuelle Entscheidungen und Entwicklungen, so in jedem Fall spätestens mit der Familiengründung. Die größere Sicherheit des Arbeitsplatzes wird eine Notwendigkeit. Viele neue Aufgaben, Herausforderungen und Verantwortlichkeiten entstehen, sodass die Abenteuerlust nach Entdeckungen nachlässt.

Die Ehe oder andere Lebenspartnerschaften sind zudem heutzutage oft nicht ein Ruhe und Kraft spendender Hafen, sondern ein Platz intensiver Kämpfe und Auseinandersetzungen. In der Konfrontation entwickeln die Partner Persönlichkeit und Beziehungsverhalten. Kinder stellen jeden Tag unausweichliche Forderungen. Wenn alles gut geht, wachsen die Menschen durch das Leben in der Familie über jugendlichen Egoismus hinaus.

Berufstätige Väter haben dabei ständig einen Balanceakt zu bewältigen zwischen den Anforderungen der Familie und dem Bedürfnis, durch großen Einsatz im Beruf mit den anderen mithalten zu können, zumal mit den Jüngeren und Singles. Berufstätige Mütter müssen oft eine hoch komplizierte, zeitraubende Lebensorganisation bewältigen.

Während Singles gewissermaßen länger jung, flexibel und auch zeitlich total einsetzbar bleiben können (verbunden mit der Gefahr des Burn-out, der Sinnentleerung und emotionalen Erstarrung), wird für die Berufstätigen mit Familie die Arbeit nur noch ein Teilaspekt ihrer Existenz. Das private, persönliche Leben gewinnt nicht nur zeitlich, sondern auch inhaltlich an Bedeutung. Arbeitsfreie Zeit sowie Lebensqualität werden wesentlich.

Dies wird von den Betroffenen selbst, von manchen Führungskräften, Kollegen und Unternehmen oft schlichtweg als Nachteil gegenüber den Ungebundenen und Jungen gesehen. Die maximale Einsatzbereitschaft mit Überstunden bis Mitternacht nimmt ab – genauso wie die Bereitschaft, sich anzupassen. Das Selbstwertgefühl wird jetzt nicht mehr ausschließlich aus der Anerkennung bei der Arbeit, sondern auch aus den Tätigkeiten, Erlebnissen und menschlichen Beziehungen zu Hause gewonnen. Der grenzenlose Pioniergeist lässt oft nach. Die Familie konfrontiert mit einer Wirklichkeit, die durch spielerische neue Ideen nicht beliebig zu verändern ist.

Manche Männer verlagern die familiären Aufgaben immer noch vollständig auf die Frauen, um sich so wenigstens weitestgehend den Raum jugendlicher

Bewegungsfreiheit und Energie zu erhalten. Dennoch tragen sie jetzt Verantwortung und müssen bodenständiger agieren als Singles.

Mit diesen Belastungen entsteht aber ein großer Zugewinn:

* Der Sinn für das Reale und Machbare sowie für die Bedeutung von Beziehungen werden geschult,
* die Aufgabe und die Notwendigkeit, andere Menschen, den Partner, die Kinder emotional mit ihren spezifischen Interessen verstehen zu müssen, stärken die soziale Kompetenz.

Hierfür gibt es keine größeren Lehrmeister als Kinder, denn sie lassen sich mit erlernten Kommunikationsstrategien nicht leicht manipulieren.

Die Toleranz sowie das Verstehen und Akzeptieren wachsen, dass andere Menschen verschieden sind. Man kann nicht von jedem gleiches Verhalten und gleiche Leistungen erwarten und ihm nicht die gleichen Vorstellungen und Werte unterstellen. Im Gegenteil, Verschiedenheit bedeutet Reichtum.
Das Verhalten anderer gegenüber wird umgänglicher. Nicht mehr nur aus reiner Anpassungsbereitschaft, sondern aus dem wachsenden Wissen heraus, dass Menschen nicht einfach all das aus sich machen können, was sie gerne wollen. Wir sind durch Anlagen, Schicksal und Lebensumstände dominiert und limitiert.

Auch die eigenen Begrenzungen werden sichtbarer. Das Siegesgefühl, sich mit ordentlich viel Kraft durchsetzen zu können weicht der Einsicht, wie wichtig Konventionen und Regeln des nachsichtigen, respektierenden, einfach menschlichen sozialen Miteinanders im privaten und beruflichen Raum sind.
Aus diesem Gefühl schicksalsmäßiger Verbundenheit als Menschen heraus können Teams mehr als bloße Zweckgemeinschaften werden – die ansonsten sofort zerfallen, wenn der persönliche Vorteil des Miteinanders nicht in jedem Moment gesichert ist.

Während sich in der Jugend in erster Linie die Fähigkeiten der persönlichen Leistung entwickeln und durch Anpassung und Prägung geformt werden, bildet sich nun der Mensch als soziales und mit der komplexen Wirklichkeit pragmatisch verbundenes Wesen.

Die mittlere Phase ist also zunächst eine Phase der Konsolidierung, eine Zeit des sicheren, pragmatisch-orientierten Handelns. Verlässlichkeit und Stetigkeit vermitteln Kontinuität im Arbeitsumfeld. Zugleich ist es für viele die Zeit der größten beruflichen, finanziellen und persönlichen Belastung. Je stärker Frauen und Männer durch Mehrarbeit und Aufstiegsstreben um finanzielle Sicherheit kämpfen, umso weniger Kraft bleibt für die Familie, was zur Zerreißprobe werden oder zumindest einen komplizierten Balanceakt erfordern kann. Arbeitsüberlastung und -tempo können dann nicht nur langfristig zum Burn-out führen, sondern jederzeit die Lebens- und Schaffensfreude erheblich mindern.

» Der Tod schnappt zuerst die, die rennen. «
Jean Giono

Diese psychische Überanstrengung kann zum Dauerzustand werden.

Das, was den Geist und den Menschen überhaupt auf Trab hält:
- all die Projekte, Aufgaben und Ziele der Jugend,
- die vielfältigen Lebensanforderungen,
- das an Regeln gebundene Arbeiten und Leben der mittleren Konsolidierungsphase,

ist nun zur Routine geworden und strengt an, füllt jedoch nicht mehr aus. Das Leben hat eine feste Bahn, man war erfolgreich oder eben nicht. Die Grenzen scheinen fest abgesteckt. In beiden Fällen stellt sich die Frage: Was nun? Wer bin ich eigentlich, was will ich denn wirklich, was gibt meinem Leben jetzt einen Sinn?

Als Krise wird diese Phase erlebt, wenn wir nicht erkennen, worauf sie eigentlich hinausläuft. Gerade das wird uns schwer gemacht, weil von außen jetzt Bedrohung signalisiert wird: Du kannst bald nicht mehr mithalten, deine Chancen auf dem Arbeitsmarkt oder beim Aufstieg sinken, die Jungen kommen! Je stärker die Bedrohung durch die Konkurrenz empfunden oder auch in der Arbeitswelt deutlich vermittelt wird, desto weniger können wir wahrnehmen, dass wir eigentlich in etwas Neues hineinwollen.

Umso mehr entsteht Druck, mit Jüngeren mithalten zu müssen.
- Die von außen vorgegebenen Werte und Ziele,
- das einfache „Erfolg haben",
- für erbrachte Leistung und einwandfreies Funktionieren Anerkennung finden usw.,

verlieren an identitätsstiftender Bedeutung und werden fraglich.

Oft wird aber genau dies nicht wahrgenommen. Gerade weil diese Phase als negative Krise erlebt wird, schiebt sich vor die Einsicht das Gefühl: „Ich habe nicht genug erreicht, nicht genug Erfolg gehabt!". Man versucht durch noch größere Anstrengungen noch mehr in dieser Richtung zu erreichen.

Oft ist das Privatleben an dieser Midlife-Crisis beteiligt: Die Ehe oder Lebensgemeinschaft hat ihre Grenzen erreicht, ist zum Dauerkrisenherd geworden oder löst sich auf. Die Sicherheit bei der Arbeit wird der einzige Halt, an dem man sich oft wie besessen festbeißt.
Wenn hier Verunsicherung, z. B. durch die Angst vor Jüngeren hinzukommt, kann die Bedrohung als existenziell erlebt werden.
Entweder wird diese Krise als Chance für einen Übergang verstanden und unterstützt, oder nur vor der Frage „Was kann ich noch, was kann ich nicht mehr?" gesehen.
Je nachdem entwickelt sich hieraus entweder die Zeit der Reife oder eine Phase der Versteinerung und Rigidität (mit versteckter oder offener Resignation bis hin zur Depression.)

5.2.1 Entwicklungsvariante rigide Phase und Versteinerung

Viele erleben das Älterwerden als Verfall, aber die Lifestylemedizin versucht den Alterungsprozess noch hinauszuschieben: Schwangerschaften für Frauen über Fünfzig, Potenz für neunzigjährige Männer, jugendliches Aussehen durch Hormoncremes für Frauen, Testosteron für Männer zum körperlichen Jungbleiben usw.
Neben den gesellschaftlichen verschieben sich auch die biologischen Parameter – damit freilich auch die Voraussetzungen für Reife.

Mit den Jungen in den Wettstreit zu gehen, scheitert irgendwann trotz aller Bemühungen. Wer den Qualitäten des Jungseins hinterher rennt, statt sich mit seinem „Jetzt-anders-Sein" auseinander zu setzen, dem gehen Selbstvertrauen, Kraft und Motivation verloren.

Als Reaktion verschanzen sich diese Menschen hinter dem, was sie haben:
*   Positionen, die sie mit Machtkämpfen und Intrigen festzuhalten versuchen,
*   Informationen, Wissen, Know-how, das sie nicht weitergeben.

Fachlich dazugewonnene Erfahrung wird für den Betrieb nur teilweise nutzbar, weil die Mitarbeiter das Know-how nicht transparent machen. Zudem geben sie ihr Wissen in dem Glauben nicht weiter, um so ihren einzigen Vorteil nicht zu verlieren. Als Folge wird – was an menschlicher und sozialer Kompetenz eigentlich gewonnen wird – dann im Macht- und Intrigenkampf eingesetzt. Diese Mitarbeiter gehen in innere Kündigung, vergraben sich und werden tendenziell zu dem, als was sie ohnehin gesehen werden: zu Störfaktoren, die man aufs Abstellgleis stellt – und das unter Aufwendung von enormen betriebswirtschaftlichen Kosten.

Die Fähigkeiten, die sich in der Konsolidierungsphase bildeten, können unter diesem Druck versteinern. Das „Die-Regeln-Respektieren" wird zum „Sich-an-Regeln-Festhalten". Jüngeren wird dann vorgeworfen, wenn sie genau dies nicht tun. Erfahrung und Know-how werden Machtvorteile. Das Gewohnte wird zur Regel, fast schon zum Gesetz: „So haben wir es immer gemacht."

Ein Beispiel:

„Ich fuhr lange Zeit jeden Tag über die Oakland-Bridge nach San Francisco. Dabei fiel mir auf, dass ein Mann in dem Brückenzollhäuschen immer fröhlich war und lachte, während seine Kollegen auf mich abgestumpft und leblos wirkten. Eines Tages fragte ich den Mann, wie er es mache, dass er immer so fröhlich sei.

Er erzählte: „Dies kann streckenweise, wenn keine Autos kommen, ein sehr langweiliger Job sein. Aber ich fülle diese Pausen, indem ich dann immer tanze. Ich tanze und tanze, ich langweile mich nie, meine Firma bezahlt mich, dass ich meine Tanzausbildung mache, immerzu tanze, immer glücklich bin, nie gelangweilt, an diesem herrlichen Platz, wo ich San Francisco sehe, die Golden Gate Bridge, die Berkeley Hills ..."

Ich fragte: „Und wie machen das die Kollegen?"

Er: „Das sind stehende Särge, sie kommen morgens lebendig an, gehen abends lebendig heim, hier aber sind sie acht Stunden tot."

Angeles Arrien, „The second half of life"

Jenseits der Fünfzig, wenn von außen deutlich signalisiert wird: „Jetzt bist du älter!", wird der Kampf ums Jungsein noch verbissener, verhärteter, mündet in Versteinerung, Erschöpfung und Resignation, die jederzeit zur Depression werden kann oder zur inneren Kündigung führt. Dann lebt der Betreffende seine weitere Entwicklung, sein Reifen und positives Älterwerden außerhalb der Arbeit in Hobbys und privaten Kontakten aus.

Auf diese Weise geht der Reichtum der Fähigkeiten, den dieser Mensch ausgebildet hat, dem Unternehmen und der Arbeitswelt verloren.

Manchmal schafft der Betreffende den Sprung zur Reife nicht. Er verharrt in der inneren Kündigung und schafft es auch in der Freizeit nicht, ein erfülltes Leben zu führen. Er bleibt mit Erstarrung und Stagnation im bisher Erreichten stehen. Innerlich wird dann eine Leere empfunden, die von materiellem Erfolg nicht gefüllt werden kann. Dann kann es zur Depression kommen – zumeist spätestens in den Fünfzigern, wenn das Ende des Arbeitslebens absehbar scheint.

Aus uneingestandener Verzweiflung entwickeln manche dann einfach eine zynische Lebenseinstellung: „Das Leben und die Arbeit haben keinen Sinn, und ich hole mir noch Ersatzbefriedigungen so viel ich kann."

5.2.2 Entwicklungsvariante integrative Phase und Reife

» Wie aus der Midlife-Crisis die Reifezeit werden kann: In der Reifezeit müssen wir unser authentisches Selbst finden und ausdrücken. Wir müssen einen neuen Lebenstraum finden, eine neue Sicht und Perspektive, eine neue Vision. «
Angeles Arrien: „The second half of life"

Um aus dieser Krise eine positive Entwicklung zu machen, ist zunächst nötig, sie auch als solche zu erleben, um nicht einfach wie bisher weiterzumachen. Mut und Kraft sind aufzubringen, sich durch die Krise in Unbekanntes weiterzuentwickeln.

Ein schönes Beispiel gibt Stephen Jaworski in seinem Buch „Synchronicity – The inner Path of Leadership", auf das wir im Kapitel „Reife" ausführlicher zu sprechen kommen.

Es braucht hohe Priorität und Zeit, um die Persönlichkeitsentwicklung zu ermöglichen, zudem Unterstützung, Förderung und Fortbildung. Viele haben nicht den Mut, dies in Anspruch zu nehmen in dem Glauben damit eine Schwäche einzugestehen, eventuell sogar therapiebedürftig zu sein. Leider ist die Arbeit an der eigenen Entwicklung, Bildung und Reifung oft mit dem Image der Reparatur behaftet, obwohl es zumeist nur um eine Förderung von notwendigen Wandlungsprozessen und gewissermaßen um ein Change-Management der Entwicklung der einzelnen Person geht. Doch selbst wenn individuelle Einsicht vorhanden ist, können kurzfristig orientierte Kostensparprogramme oder eine Beharrungskultur des Unternehmens den richtigen Schritt verhindern.

In Stammeskulturen mit geschlossenen Wertesystemen und Regeln unterstützten die Alten als Vorbilder und Mentoren den Wandel der Jungen von einer Lebensphase zur nächsten. Heute muss jeder seine Werte und Orientierungen in sich und aus sich heraus selbst entwickeln. Dafür wird Unterstützung und ein Umfeld benötigt, in dem das Verlassen des Alten und das Entwickeln des Neuen als gut und – z. B. vom Unternehmen – als erwünscht betrachtet wird.

Dieser Prozess wird gefördert, wenn der Mensch sich beim Durchlaufen der Krise materiell abgesichert fühlt. Jeder Druck und jede Bedrohung durch Konkurrenz, sowie drohender Karriere- oder Arbeitsplatzverlust unterstützen rigides krampfhaftes Kämpfen und Festhalten.

Das wirkt auf den Reifeprozess kontraproduktiv. Wahrscheinlich ist dies einer der Hauptgründe dafür, warum heute so viele den Reifeprozess vermeiden wollen oder müssen. Reife scheint in der Gesellschaft und den Unternehmen ein leicht verzichtbares Gut zu sein.

» Mein weiser Lehrer aus Holland sagt: Die meisten Menschen, die zu mir kommen, sind über 45 Jahre und wollen es nicht sein, sie wollen jung bleiben und nicht reif werden. Daran leiden sie. «   Henricus Zeydner

Mit der Reife kommt es zur Neubesinnung: Was ist für mich und mein Leben jetzt wichtig, wonach sehne ich mich wirklich? Die Antwort findet sich oft nicht in dem Bisherigen, Vertrauten. Daher suchen viele nach Bildern, Visionen, Träumen, in denen das Neue aufleuchtet. Paolo Coelho erzählt in seinem Erfolgsbuch „Der Alchemist" die Geschichte eines Mannes, der alles stehen und liegen lässt und das Leben sucht, das ihm als Traum erschienen war. „Folge deinen Träumen" ist die immer wiederkehrende Botschaft des Buches.

Diese Krise und die daraus folgende Neubesinnung sind in dem Buch „Synchronicity – The inner Path of Leadership" von Joseph Jaworski als sein persönlicher Lebensweg beschrieben – als Weg vom Tun und Machen zum Sein. Der Autor schildert seinen Lebensweg vom erfolgreichen jungen Mann durch eine Midlife-Crisis mit vielen überraschenden Erfahrungen, die ihn und sein Leben völlig umkrempeln, bis hin zur Reife – vom angepassten Schaffen und Leisten zum vom inneren Sinn bestimmten Sein. Das Buch zeichnet diesen Weg als Reise zu neuen Einsichten, einem neuen Leben sowie einer neuen Weise zu denken, zu handeln und zu arbeiten.

Jaworski stellt dar, wie er lernt, das Leben und die allgemeine Zukunft mitzugestalten – gerade dadurch, dass er sich dem Leben gegenüber öffnet und nicht mehr seine engen Vorstellungen durchsetzen will.

Durch seine neuen Erfahrungen und die Begegnung mit dem Physiknobelpreisträger David Bohm, dem Begründer der Dialog-Methode und Verfasser des Buches „Die implizite Ordnung", verändert sich sein Weltbild und sein Arbeitsansatz. Er lernt, wie entscheidend es ist, die eigenen Vorstellungen und Gefühle genauso wie diejenigen der anderen wahrzunehmen und die untergründigen Bewegungsgesetze und Zusammenhänge der Wirklichkeit zu erkennen.

Nur so lässt sich vermeiden, uns mit unserer Arbeit gegen den Strom der Ereignisse zu stellen und uns stattdessen mit dem Sinn und Fluss des Geschehens zu bewegen.

Dieser geschilderte Lebensweg hin zu einer reifen Führungskraft ist so eindrucksvoll, gleichzeitig ganz persönlich und von solch allgemeiner Relevanz, dass wir ihn hier für Interessierte kurz zusammengefasst wiedergeben wollen:

Jaworski beschreibt ein „Bilderbuch-Leben" als erfolgreicher Anwalt im materiellen Wohlstand, verheiratet, mit zwei Kindern, teuren Hobbys, aufwendigen Jetset-Partys usw..

Er kommt dann aber zu dem Schluss: „Rückblickend kann ich kaum noch verstehen, wie ich eine so zerfaserte Existenz leben konnte, ohne eine wirkliche Lebensaufgabe. Damals dachte ich, es sei ein tolles Leben, aber in Wirklichkeit wusste ich vom Leben gar nichts."

Er war 39 Jahre alt, als er 1973 die Watergate-Affäre miterlebte.

Da sein Vater diese als Vorsitzender des Rechtsausschusses untersuchte, erfuhr er aus erster Hand, wie sehr Präsident Nixon und seine Leute alle Gremien belogen hatten.

Aus der Empörung erwuchs die Einsicht, selbst mitverantwortlich für das Geschehen in Washington zu sein. Gleichzeitig fühlte er sich auch machtlos und die Frage „Wie können wir mit so etwas anders umgehen?" wurde zum Saatkorn seiner weiteren Entwicklung. Aber dieser moralische Schock setzte noch keine neue Wende in Gang.

Erst als seine Frau ihm zwei Jahre später den Wunsch nach Scheidung mitteilt, da er nur für seine Arbeit und den materiellen und gesellschaftlichen Erfolg lebe, stürzt er in eine Krise – und erwacht.

Es folgen Entdeckungen, die ihm neue Welten erschließen. Er entdeckt seine Gefühle (was seine Frau sich so sehr gewünscht hatte) und bekommt eine erste Idee, wie reich diese Emotionen ihn machen. In kleinen Begegnungen erfährt er die Schönheit der Welt, etwa wenn er ganz versunken beobachtet, wie ein kleines Kind eine Taube füttert.

Jaworski unternimmt in dieser Zeit eine Art Wanderschaft in Europa, eine Reise der Wandlungen. Dabei erlebt er, dass er in unterstützende Felder von Energien, Kräften und Beziehungen eingebettet ist, die ihm unerwartet aus Nöten helfen oder ihm neue Wege zeigen – wenn er sich diesen umgebenden Kräften nur anvertraut. Er bekommt eine Ahnung, was es heißt, das Leben durch sich durchfließen und sich von ihm bereichern zu lassen, anstatt es zu kontrollieren und auf vorgefasste Ziele zu reduzieren.

Später nennt er dies den Flow-State. Jaworski erfährt, dass seine neue Lebenssituation nicht nur eine „schmerzliche Befreiung von dem vertrauten Leben und der Familie ist, sondern auch eine Freiheit hin zu etwas. [...] Ich erfuhr, dass ich die Freiheit hatte, ich selbst zu sein, mein höchstes Selbst."

Im Vorübergehen begegnet er einer Frau und im gegenseitigen Erkennen durch einen Blick in die Augen folgt ein Gefühl von tiefer Verbundenheit, ohne dass daraus eine erotische Beziehung resultieren soll. Für ihn eine Begegnung mit dem Phänomen der Verbundenheit, bei dem in einem einzigen Augenblick Vertrauen und Intimität entstehen.

In den Bergen trifft er auf einen Hermelin, der spielerisch mit ihm kommuniziert, ihm Zeichen der Verständigung beibringt, so wie es auch Delfine tun. Durch solche kleinen Erlebnisse bekommt er ein Gefühl vom Einssein, eingebettet, getragen, geborgen zu sein in einen großen Sinnzusammenhang, wenn er bloß den engen Rahmen seiner Ziele, Vorstellungen und entsprechenden Ängste öffnet.

Jaworski erkennt, dass das Bewusstsein der Einheit dem Menschen eigentlich von Natur aus gegeben ist und sucht einen Lehrer, einen Führer, der ihm zeigt, in welchem Rahmen er seine zukünftige Arbeit entwickeln kann. So findet er in London David Bohm, den Physiknobelpreisträger und Begründer der Dialog-Methode. Bohm führt ihn ein in seine Vorstellung von der „impliziten Ordnung": dass alles auf der Welt, auch die Dinge, die nicht an Raum und Materie gebunden isoliert existieren, auf einer tiefen, impliziten Ebene zusammenhängen.

So steckt in jedem Menschen die Gesamtheit der Menschheit mit ihrer ganzen Geschichte.

Wenn ein Mensch sich dieser Zusammenhänge bewusst wird, ist das der Schlüssel zur Modifizierung des Menschengeschlechts. Es sei aber gefährlich, wenn nur einer sich ändere, weil dann die anderen sagten: „Der hat es gut, der kann es, aber ich kann das nicht!"

Bohm empfiehlt Jaworski folgendes: Wenn er es erreichte, dass eine Reihe Menschen wirklich in Verbundenheit wie in einem Geist zusammenarbeiten, dann kann dies die Welt ändern. Aus diesem Ansatz hat Bohm die Dialog-Methode entwickelt.

Der Schlüssel zu all dem ist die Arbeit mit Seele und Bewusstheit. Zu diesem Zeitpunkt wird Jaworski immer klarer, dass er das „Leadership-Forum" gründen muss. Zentrales Thema hierbei ist, dass die Leader die Illusion des Getrenntseins überwinden und in einen echten Dialog treten mit anderen und der sie umgebenden Welt. Im Weiteren stellt Jaworski die Entwicklung seiner Ideen und Erfahrungen zum „Leadership" dar. Aus diesem Grund setzen wir unsere Kurzdarstellung seines Buches im Kapitel „Vertiefung und Ausblick zum Führen in der integrativen Phase" in Kapitel 7.5 fort.

5.3 Reife, die integrative Phase – Beschreibung

In der Reife entwickeln viele Menschen ihre persönliche Meisterschaft. Diese „Personal Mastery" geht über Kompetenz und Fachwissen hinaus, auch wenn sie sich darauf gründet. Sie reicht über geistige Entfaltung und Öffnung hinaus, auch wenn sie geistiges Wachstum voraussetzt. Personal Mastery bedeutet, dass man eine kreative statt einer reaktiven Lebensauffassung vertritt. Wenn sie zu einer Aktivität wird, die in das Leben integriert werden soll, umfasst sie zwei wichtige Verhaltensweisen:

* erstens klärt man immer wieder aufs Neue, was einem wirklich wichtig ist,
* zweitens lernt man kontinuierlich, die gegenwärtige Realität deutlich wahrzunehmen.

Die Parallelität von Vision (was wir wollen) und einem klaren Bild der gegenwärtigen Realität (wo wir sind, gemessen an dem, was wir wollen) erzeugt das, was wir als „kreative Spannung" bezeichnen.

Bei Hanover Insurance Group strebte man nach „fortgeschrittener Reife". Bill O'Brien (CEO zwischen 1971 bis 1991) beschrieb, wodurch sich wahrhaft reife

Menschen auszeichnen: Sie schaffen und bewahren tiefe Werte, engagieren sich für Ziele, die größer sind als sie selbst. Sie sind offen, selbstbestimmt und immer um ein klares Bild von der Realität bemüht.

Darüber hinaus verfügen sie über die Fähigkeit, auch verspätete Belohnungen geduldig abzuwarten. Aus diesem Grund können sie Ziele anstreben, die andere verwerfen würden, und sogar „die Wirkung ihrer Entscheidungen auf nachfolgende Generationen berücksichtigen".

O'Brien weist darauf hin, dass die moderne Gesellschaft einen wichtigen Aspekt der menschlichen Entwicklung vernachlässigt:

„Aus welchen Gründen auch immer – wir verfolgen die emotionale Entwicklung nicht mit der gleichen Intensität, mit der wir die körperliche und intellektuelle Entwicklung verfolgen.

Das ist umso bedauerlicher, weil eine volle emotionale Entwicklung den stärksten Hebel bietet, wenn wir unsere Leistungsfähigkeit voll ausschöpfen wollen."

(O'Brien, zit. bei Peter Senge: „Die Fünfte Disziplin", S. 175 f.)

Hierbei ist zu berücksichtigen: Erst wenn eigener Erfolg gesichert und das eigene Haus bestellt ist, hat der Mensch den Blick frei (oder kann ihn überhaupt erst freihaben) für die Belange der Gemeinschaft mit ihren Visionen, Zielen, Werten; also für etwas, das größer ist als nur „ich selbst".

So sind denn auch qualitative Unternehmensvisionen nicht nur auf augenblicklichen Profit ausgerichtet.

Die Reife kann allerdings viele Gestalten annehmen. Sie ist eine integrative Phase, in der vieles Platz haben kann: das Aktive und das Gewähren lassende, das jugendlich Stürmende und das Zurückhaltende, das Langsame, manchmal sogar das Bremsende.

Alle Kräfte und Phasen unserer Entwicklung (wie wir sie im Kapitel 6.1 „Graves-Modell" dargestellt haben) können in dieser Phase in sehr unterschiedlicher Gewichtung enthalten sein.

Für manche ist es z. B. dass Entscheidende, dass sie im Wetteifer über sich selbst hinauswachsen. Beispielhaft ist dies in dem Buch „Die Möwe Jonathan" von Richard Bach dargestellt.

Eine weitere Geschichte erzählt David Spengler in „The Call" über den Erbauer der Brooklyn Bridge in New York.

Während des Baues bekam er einen Schlaganfall, sodass er nicht mehr sprechen oder schreiben, sondern nur noch einen einzigen Finger bewegen konnte.

Er entwickelte einen Code, mit dem er seiner Frau diktierte, wie die Brücke zu Ende gebaut werden sollte.

Ein weiteres Beispiel ist das Buch von dem Mann, der durch einen Schlaganfall das Locked-in-Syndrom bekam, nicht mehr sprechen und nur noch die Wimpern bewegen konnte. Auf diese Weise diktierte er ein Buch, in dem er seine Erfahrungen beschrieb. Nach dessen Fertigstellung verstarb er.
(Jean-Dominique Bauby: „Schmetterling und Taucherglocke")

Diese Heldengeschichten verdeutlichen, welche Kräfte Menschen entwickeln können, die sich ein wesentliches Ziel setzen. Es geht jeweils um „mein großes persönliches Werk".
Bei vielen tritt dagegen in der Zeit der Reife die Bedeutung des eigenen Egos eher zurück und das Miteinander wird wichtiger.
Soziale Kompetenz entwickelt sich nicht als technische Fähigkeit oder bloße Erfolgsstrategie. Sie wird auch nicht als Fähigkeit ausgebildet, die nur im engen persönlichen Rahmen gelebt wird wie in der Konsolidierungsphase, sondern aus der Einsicht, dass nur miteinander ein komplexer Weg beschritten und die Zukunft gestaltet werden kann.
Die Offenheit für den Dialog wächst. Die eigenen Vorstellungen werden nicht mehr als die einzig sinnvollen angesehen, für die man sich kämpfend einsetzt, sondern als Vorstellungen und Annahmen, die auf der gleichen Ebene zu sehen sind wie diejenigen der anderen.

So entstehen Verständnis und Wertschätzung der spezifischen Wünsche, Interessen, Ziele, Vorstellungen, Verhaltensweisen verschiedener Menschen und Geschlechter in unterschiedlichen Lebensphasen.
So bildet sich ein Verständnis für die Potenziale im Unterschied. Dazu braucht es Bereitwilligkeit, sich selbst zu hinterfragen (nicht sich selbst grundsätzlich als Person in Frage zu stellen!). Ich beobachte mein eigenes Denken und Verhalten; d.h. ich verabsolutiere es nicht, sondern sehe es als meines und bloß meines. Meine Annahmen sind nicht das einzig Wahre, sondern nur ein Beitrag in einem komplexen Ganzen.

Ein Programmleiter, der mehrere Projekte souverän steuern kann, wundert sich, dass die Eigenständigkeit und die Energie der Projektleiter immer mehr abnehmen.

Er selbst ist sehr kraftvoll, anpackend und fordert durchaus auch zu Feedback auf. Zunächst ist er nun einmal ratlos, was da passiert.

Aus seiner Sicht ist das nicht erklärbar. Durch ein Gespräch wird ihm deutlich, dass er seinen Projektleitern mehr Freiräume geben muss. Er erkennt, dass er sie überrollt und damit in die Anpassung treibt. Daraus entstehen dann die Unselbstständigkeit und die kraftlose Grundhaltung.

Etwas weniger Geschwindigkeit im Arbeitsalltag und in den Meetings etwas mehr Zeit für persönlichen Austausch – so wurde das Problem schließlich weitestgehend und sehr kurzfristig gelöst.

Wenn man die Welt nicht mehr als einen Ort sieht, an dem man nur seine vordefinierten Ziele durchsetzen will, sondern dessen innere Zusammenhänge und Bewegungsgesetze man verstehen möchte, dann wird der Blick auf die Vielfalt des Lebens aufregend.

Dann wird deutlich, aus wie vielfältigen und zum Teil hintergründigen Faktoren und Strömungen gegenwärtige und zukünftige Entwicklungen entstehen. Diese „sich zeigen wollende Zukunft" (wie Otto Scharmer das in seinem Buch „Theorie U" nennt), läßt sich nicht durch Zielvorstellungen Einzelner diktieren oder aus Daten über vergangene Fakten errechnen.

In diesen Fluss der Geschehnisse gehen die unterschiedlichen Interessen, Bedürfnisse, und Vorstellungen Vieler ein. Wenn Zukunftsszenarien eine Chance haben sollen, einzutreffen, empfiehlt es sich, diese Vielfalt zu erkennen, anzuerkennen und zu berücksichtigen.

Auch die eigene Vielschichtigkeit tritt ins Blickfeld. Ich erkenne und lasse die Erkenntnis zu, dass ich nicht ein in sich geschlossener einheliger Charakter bin, an eindeutigen Werten orientiert und mit festgelegtem Verhaltensrepertoire.

Ich kann dann wahrnehmen und zulassen, dass ich eine oft widerstreitende Vielfalt von Gefühlen, Wünschen, Interessen, Verhaltensweisen in mir trage; ein regelrechtes „inneres Team", das sich in ständiger Bewegung und Auseinandersetzung befindet. Wie diese Kompetenzen der Reife praktisch und methodisch zur Anwendung kommen können, wird in Kapitel 8 „Innere Haltungen, Sichtweisen und Modelle und Methoden zum Umgang mit Unterschieden" beschrieben.

In Kapitel 6.1 „Graves-Modell" zeigen wir, dass in der integrativen Phase alle Stufen unserer Entwicklung aufgenommen und enthalten sind: unsere Anteile von Macht, Ordnung, Leistung, Gemeinschaft und der Sinn für das große Ganze. Vielleicht klingt unsere Darstellung jetzt so, als sei für uns Reife etwas Besseres als z. B. Jugend, weil in ihr, als integrative Haltung, die früheren Potenziale enthalten sind.

Aber natürlich geht in der Reife auch vieles verloren, so z. B.:
*   der vorwärts stürmende und unbekümmerte Elan mit fast unerschöpflicher Energie,
*   oft auch die bornierte, aber hilfreiche Siegesstimmung,
*   das Spielerische und die Begeisterung für den Wettkampf, der nicht nur lähmende Konkurrenz, sondern zugleich auch Ansporn ist.

Der berühmteste Kulturanthropologe des 20. Jahrhunderts, Huizinga, schrieb das Buch „Die Entstehung der Kultur im Spiel".
Er meinte damit durchaus den Wettkampf, aus dem durch die Lust, besser zu sein und es besser zu machen so viel Großartiges überall hervorgegangen ist, z. B. in der Kunst, im Sport und in der Arbeitswelt.

Die Potenziale der Lebensphasen sind lediglich unterschiedlich – und nicht besser oder schlechter.

5.4 Ältersein

Bei den Römern hatten erst reife Männer über 45 das Recht, Senatoren zu sein. Räte der Alten gab es z. B. bei den Griechen, den Chinesen und vielen anderen Völkern. Bei den Indianern saßen im Rat der Alten diejenigen, die das Auf und Ab der Lebensbewegungen erfahren hatten und sich mit ihrem Ego nicht mehr in den Mittelpunkt des Weltgeschehens stellten. Sie wussten, dass sie irgendwann eine große Reise antreten und in ein anderes Leben gehen würden. Ihnen ging es in erster Linie noch darum, die Zukunft des Stammes zu sichern. Sie hatten nicht mehr die Kraft, wie der Häuptling und seine Krieger physisch zu kämpfen und mussten sich andere Wege der Konfliktlösung erschließen.

Hierzu ein Beispiel:

„Es war an einem einschläfernden Frühlingsnachmittag in der U-Bahn. Unser Zug ratterte durch die Vororte von Tokio. Unser Wagen war vergleichsweise leer, ein paar Hausfrauen mit ihren Kindern, ein paar alte Leute, die einkaufen fuhren. Ich starrte dösend auf die kahlen Hauswände, die an uns vorüberglitten.

An einer Station ging die Tür auf, und die nachmittägliche Ruhe wurde durch einen Mann gestört, der unverständliche Flüche grölte. Der Mann schwankte in unseren Wagen. Er trug Arbeiterkleidung. Er war groß, betrunken und schmutzig. Brüllend drehte er sich zu einer Frau, die ein Baby im Arm hielt.

Er schleuderte das Baby mit einem Ruck in den Schoß eines älteren Paares – es war ein Wunder, dass das Kind unverletzt blieb. Zu Tode erschreckt sprang das Paar auf und flüchtete ans andere Ende des Wagens.

Der Arbeiter schlug nach dem Rücken der fliehenden alten Frau, er traf nicht. Sie konnte sich gerade noch in Sicherheit bringen. Der Betrunkene war so in Raserei geraten, dass er das Halterohr in der Wagenmitte packte und versuchte, es aus seiner Verankerung zu reißen.

Ich konnte sehen, dass seine Hände aufgeschnitten waren und bluteten. Der Zug schlingerte weiter, die Passagiere waren vor Angst erstarrt. Ich stand auf. Ich war damals, vor über zwanzig Jahren, jung und ziemlich gut in Form. Ich hatte gerade ein dreijähriges Aikido*-Training von beinahe täglich acht Stunden hinter mir.“

(*Anmerkung der Autoren: Der Erzähler ist Aikido-Meister. Aikido ist eine ostasiatische Kampfkunst, in der es darum geht, aus einer gesammelten, konzentrierten Haltung den Gegner so genau, schnell und präzise wahrzunehmen, dass man seine nächste Bewegung vorhersieht, sich in ihn einschwingt und ihn mit seiner eigenen Angriffsenergie zu Fall bringt oder diese Energie umlenkt.)

„Ich liebte es, jemanden zu werfen und auf die Matte zu legen. Ich hielt mich für stark und zäh. Freilich war meine Kampfkunst in einem wirklichen Kampf noch nicht erprobt. Als Aikido-Schüler durften wir nicht kämpfen. Aikido, hatte mein Meister immer wieder gesagt, ist die Kunst der Versöhnung. Wer immer einen Kampfgeist hat, hat seine Verbindung mit dem Universum gebrochen. Wenn du versuchst, andere Menschen zu beherrschen oder zu besiegen, hast du schon verloren. Wir studieren, wie man Konflikte löst, nicht, wie man sie anfängt.

Ich hörte seine Worte und gab mir wirklich Mühe, sie zu befolgen. Ich ging sogar so weit, dass ich auf die andere Straßenseite wechselte, wenn mir zwei Leute auf dem Bürgersteig entgegenkamen. Meine Geduld begeisterte mich.

Ich fühlte mich gleichzeitig stark und heilig. Tief in meinem Herzen aber suchte ich nach einer absolut legitimen Gelegenheit, die Unschuldigen zu retten, indem ich die Schuldigen zerstörte.

‚Das ist sie', sagte ich mir, als ich aufsprang. Menschen sind in Gefahr, wenn ich nicht schnell etwas mache, wird vielleicht jemand verletzt.'

Als er sah, wie ich aufstand, erkannte der Betrunkene die Chance, seine Wut auf ein Ziel zu richten.

‚Aha', brüllte er. ‚Ein Fremder! Du brauchst eine Lektion in japanischem Benehmen.' Ich schaute ihn mit einem Ausdruck von Ekel und Verachtung an.

Ich wollte diesen Kerl fertigmachen, aber er musste den ersten Schritt tun, die erste Bewegung machen. Ich wollte, dass er durchdreht, so spitzte ich meine Lippen und schickte ihm einen unverschämten Kuss hinüber. ‚Okay', sagte er, ‚du kriegst jetzt eine Lektion verpasst', und er raffte sich auf, um auf mich loszuspringen.

Den Bruchteil einer Sekunde, bevor er losstürzen konnte, rief jemand ‚He', das war so durchdringend und gleichzeitig so einladend gerufen. Ich erinnere mich an den fröhlich begeisterten Ton dieser Stimme. So als wenn zwei Freunde intensiv nach etwas suchen, und dann der eine ausruft: ‚He, da ist es.'

Ich trat nach links, mein Gegner nach rechts, wir schauten beide nach unten, auf ein winziges Männchen in den Siebzigern in einem makellosen Kimono.

Er beachtete mich nicht, sondern strahlte entzückt auf den Arbeiter, als wenn er das wichtigste und willkommenste Geheimnis mitzuteilen hätte.

‚Komm her', sagte er, ‚komm her und sprich mit mir.' Der riesige Mann folgte, als wenn er an einer Leine gezogen würde. Er pflanzte sich vor dem Männchen auf und brüllte über das Rattern der Räder hinweg: ‚Warum zum Teufel soll ich mit dir reden?'

Der Betrunkene wandte mir jetzt den Rücken zu. Wenn sein Ellbogen sich jetzt einen Millimeter bewegte, würde ich ihn aus den Latschen hauen. Der alte Mann strahlte weiter den Arbeiter an. ‚Was hast du getrunken?', fragte er, wobei seine Augen vor Interesse blitzten. ‚Ich habe Sake getrunken', bellte der Arbeiter zurück, ‚und das geht dich gar nichts an.' Dabei spritzte er den Alten mit Speichel voll. ‚Oh, das ist wunderbar, absolut wunderbar', sagte der alte Mann, ‚ich liebe Sake auch.

Jeden Abend gehen meine Frau und ich – sie ist 76, weißt du –, nehmen unsere Flasche Sake, setzen uns auf unsere Gartenbank und beobachten, wie unser Pinienbaum gedeiht, den mein Großvater gepflanzt hat. Wir hatten uns solche Sorgen um den Baum gemacht wegen der Eisstürme letzten Winter, aber, verstehst du, der hat sich besser gemacht, als man erwarten konnte, wenn du bedenkst, wie mager der Boden ist. Wir gehen mit unserem Sake raus, auch wenn es regnet. Er schaute zu dem Arbeiter auf und zwinkerte mit den Augen. Als der damit kämpfte, den Reden des alten Mannes zu folgen, wurde das Gesicht des Betrunkenen weicher, die Fäuste öffneten sich langsam. ‚Ja‘, sagte er, ‚ich mag Pinienbäume auch.‘ Seine Stimme verlor sich. ‚Ja‘, sagte der alte Mann lächelnd, ‚und ich bin sicher, du hast eine wunderbare Frau.‘ ‚Nein‘, sagte der Arbeiter, ‚meine Frau ist gestorben.‘

In unserem Abteil breiteten sich sanfte Schwingungen aus, als der riesige Mann zu schluchzen anfing: ‚Ich habe keine Frau, ich habe kein Zuhause, ich habe keinen Job, ich schäme mich so.‘

Tränen liefen ihm die Backen runter, Krämpfe von Verzweiflung erschütterten seinen Körper. Jetzt war ich dran. Da stand ich mit meiner Bereitschaft, die Unschuldigen zu retten, die Demokratie zu schützen, in meiner Rechtschaffenheit, plötzlich fühlte ich mich dreckiger als er.

Dann kam der Zug an meiner Haltestelle an. Als der Zug hielt, hörte ich den alten Mann mitfühlend seufzen: ‚Oh je‘, sagte er, ‚das ist ein schwieriges Problem, setz dich zu mir und erzähl mir davon.‘

Ich wandte meinen Kopf für einen letzten Blick um. Der Arbeiter hatte sich auf dem Sitz zusammengerollt, sein Kopf im Schoß des alten Mannes, der alte Mann streichelte sanft sein verfilztes, fettiges Haar.

Als der Zug weiterfuhr, musste ich mich auf eine Bank setzen. Was ich mit Muskeln erreichen wollte, war mit Liebe erreicht worden. Ich hatte gerade Aikido gesehen – im wirklichen Kampf.“

(Ram Dass, „Find your real Self“, Audiokassette 2)

Die Entwicklung von der Reife und Fülle hin zum Älterwerden und Loslassen ist schwer und geht meist mit tiefen, oft existenziellen Krisen einher. Oftmals von außen, z. B. durch Bemerkungen von Kollegen, wird das Älterwerden erfahren und realisiert. Man verlässt nach und nach die Welt der Aktiven und des aktiven Handelns. Man spürt wie die körperliche Spannkraft nachlässt, die Merkfähigkeit schwächer und die Auffassungsgabe langsamer wird.

Das verbleibende Leben wird überschaubar: Selbst wenn noch dreißig Jahre vor einem liegen sollten, ist das viel weniger als die bisher gelebte Zeit. Irgendwo wartet der Tod. Die Vierzigjährigen drängen auf die Plätze der Älteren und geben diesen nur allzu gern das Gefühl, nicht mehr gebraucht zu werden, nicht mehr vergleichbar leistungsfähig, flexibel und kreativ zu sein. Der Zeitraum, den man seinen Arbeitsplatz noch innehaben wird, verkürzt sich.

Alle und alles weisen darauf hin: Fortbildungen, Beförderungen erscheinen nicht mehr lohnend, sondern werden als Fehlinvestition angesehen. Der Betroffene wehrt sich gegen diese Anzeichen und Andeutungen umso mehr, als diese verstärkend auf seine eigenen Befürchtungen treffen: Wie lange kann ich noch mithalten, wie lange bin ich noch leistungsfähig und gesund? Und schließlich die bange Frage: Wie lange lebe ich überhaupt noch?

Diese Krise wird umso heftiger erlebt, je mehr der Betreffende in der Konsolidierung versteinert ist und verharrend festhängt: also in der Phase, in der perfektes Leisten und Funktionieren im Hinblick auf vorgegebene Ziele angesagt waren. Dies gilt im Besonderen, wenn auch für den Älteren die Anerkennung der erwarteten Leistung noch wichtig ist und der Schritt zur Reife, zur Öffnung für den selbst gesetzten Sinn ausgeblieben ist.

Wenn ich nicht mehr das arbeite und leiste, was ich so lange getan habe,
* wozu werde ich dann überhaupt noch gebraucht,
* welchen Sinn habe ich dann noch und
* welchen Sinn hat mein Leben?

Diesen persönlichen Sinn meines Tuns zu finden, ist ein entscheidender Schritt zur Reife. Viele Menschen ab 45 kommen zum Coaching mit der Fragestellung: „Was ist jetzt für mich (noch) sinnvoll? Ich habe vorgegebene Ziele erreicht und Erfolge erlebt, aber was ist jetzt für mich wirklich wichtig? Welche Arbeit, welche Tätigkeit ist jetzt wichtig für meine persönliche Entwicklung? Wie kann mein Tun sinnvoll sein für ein größeres Ganzes?

Diese Frage wird gerade von Personen gestellt, die sich überhaupt erlauben können, in ihrer Arbeit neue Akzente zu setzen oder eine neue Richtung einzuschlagen. Wer dagegen seinen Lebenszweck immer noch darin sieht, im Rahmen von Regeln und Normen und vorgegebenen, messbaren Zielen höchstleistend zu funktionieren, hat auch andere Sphären, wie zum Beispiel Privatleben, Gesellschaft, Kultur oder Räume für sich selbst noch nicht ausgebaut.

So entsteht das bedrohliche Gefühl: Wenn meine bisherige Arbeit aufhört, ist alles zu Ende. Und dies führt in der Zeit zwischen 55 und Ende 60 häufig zu Depression, Krankheit, Tod oder Selbstmord.

Die Bewertung der einzelnen Lebensphasen hat sich im Laufe der Zeit sehr verändert. In der „guten alten Zeit" des Kaiserreichs, wo die Gesellschaft nach festen Regeln, Normen und zum Teil nach Ständen organisiert war, galt nur der mit Erfahrung etwas. 25-jährige Männer ließen sich einen Rauschebart wachsen und sahen wie 45 aus, um ernstgenommen zu werden. Für Frauen, denen in der Gesellschaft keine eigenständige Bedeutung zugestanden wurde, galt umgekehrt und dazu passend: „Bist du erst mal dreißig, ist's zu spät, das weiß ich." *(Nach Stefan Zweig, „Die Welt von gestern", passim)*

Erst mit dem 20. Jahrhundert, mit Jugendbewegung, Jugendstil, mit der Zerstörung der alten Gesellschaft, mit der nach dem Ersten Weltkrieg aufkommenden sozialen Mobilität wurde Jugend gesellschaftlich auch für Männer etwas Positives.
Erstmalig hieß es: Platz für die Jugend! Jugend wurde nun gleichgesetzt mit Neuerung, Fortschritt und herrlichsten Perspektiven.
Kommunisten und Nationalsozialisten nutzten diese Stimmung zum Aufbruch und die Verzweiflung über die bankrotte alte Gesellschaft mit der Devise: „Mit uns gehört der Jugend die Zukunft, wir räumen die alte Gesellschaft weg."

In der Restaurationsphase nach dem Zweiten Weltkrieg mit den 50er-Jahren herrschten z. B. in den USA und der BRD wieder die Älteren, bis es 1968 erneut hieß: „Trau keinem über dreißig!"
So zieht sich der Kampf der Generationen durch die Zeiten. Das Pendel schlägt mal nach der einen, mal nach der anderen Seite aus.

Aber manches ist neu hinzugekommen. Das Leben war früher kürzer, verlief schneller, musste schneller verlaufen.
In der Regel war das, was im oder durch Kampf erzielt werden konnte, die Existenzsicherung. Dieses war mit etwa 50 Jahren erreicht. Dann waren in der Regel die Kinder aus dem Haus. Man konnte loslassen und im besten Sinne älter werden – wenn die materiellen Voraussetzungen gegeben waren.
Der Blick fürs Ganze wurde möglich, der in jüngeren Jahren oft verstellt war, weil der Kampf für das Eigene so wichtig erschien. Ohne finanzielle Sicherheit war es für Ältere schwer, ihr neues Potenzial zu entfalten.

Heute haben sich auch die scheinbar natürlichen Grenzen deutlich verschoben.
Ein wichtiger Faktor des Reifens ist, des Todes gewahr zu werden.
Er wird kommen, morgen, in zehn, zwanzig oder dreißig Jahren – in jedem Fall aus der Perspektive eines Fünfzigjährigen in sehr absehbarer Zeit.
Dank der Entwicklung der Medizin kann der Fünfzigjährige heute mit Recht darauf hoffen, dass, wenn er 60 ist, seine Lebenserwartung noch einmal weiter verlängert wird.

Dass die Medizin den Krebs besiegt und die Mortalität der Herz-Kreislauf-Erkrankungen drastisch senkt, scheint in erreichbarer Nähe. Die Angst vor dem Tode und die Einsicht, dass man dieses Reich des Vergänglichen, mit allem, was es dem Ego lebenswert macht, bald verlassen wird, diese Angst und Erkenntnis – und damit aber auch die Haltung der Reife und des Loslassens – kann weit weggeschoben und verdrängt werden.

Wir erleben auf Seminaren sogar mit älteren Führungskräften, dass allein die Vorstellung eines zukünftigen Endes mit Empörung zurückgewiesen wird. Mit dieser Vermeidung wird aber auch die Entwicklung zur Reife, zum Loslassen, zur Gelassenheit – zu einem positiv gelebten Ältersein blockiert.

Hat man aber den Schritt zur Reife erst einmal zugelassen, eröffnet sich eine Phase eines „zweiten Erwachsenenalters", wie Gail Sheehy das in ihrem Buch „Die neuen Lebensphasen" nennt.

Wenn man den Übergang zum Ältersein als stimmig, passend, notwendig und gut akzeptiert, kann es in diesem zweiten Erwachsenenalter mehr um Sinnerfüllung und eine gelassenere Haltung des sich Zurücklehnens gehen. Zurück- und vorausblickend kann man das eigene Leben als eine Abfolge von Stufen wahrnehmen, von denen keine besser oder schlechter ist als die andere – und jede ist/war notwendig.

Hermann Hesse drückt dies ganz selbstverständlich aus:
„Das Bedürfnis der Jugend ist – sich selbst ernst nehmen zu können. Das Bedürfnis des Alters ist – sich selbst opfern zu können, weil über ihm etwas steht, was es ernst nimmt".
(Hesse über das Alter in „Mit der Reife wird man immer jünger", S. 80). Und natürlich in seinem Gedicht „Stufen" (ebenda S. 87):

» Wie jede Blüte welkt und jede Jugend
Dem Alter weicht, blüht jede Lebensstufe,
Blüht jede Weisheit auch und jede Tugend
Zu ihrer Zeit und darf nicht ewig dauern.
Es muss das Herz bei jedem Lebensrufe
Bereit zum Abschied sein und Neubeginne,
Um sich in Tapferkeit und ohne Trauern
In andre, neue Bindungen zu geben.
Und jedem Anfang wohnt ein Zauber inne,
Der uns beschützt und der uns hilft zu leben.
Wir sollen heiter Raum um Raum durchschreiten,

An keinem wie an einer Heimat hängen,
Der Weltgeist will nicht fesseln uns und engen,
Er will uns Stuf' um Stufe heben, weiten.
Kaum sind wir heimisch einem Lebenskreise
Und traulich eingewohnt, so droht Erschlaffen,
Nur wer bereit zu Aufbruch ist und Reise,
Mag lähmender Gewöhnung sich entraffen.
Es wird vielleicht auch noch die Todesstunde
Uns neuen Räumen jung entgegensenden,
Des Lebens Ruf wird niemals enden
Wohlan denn, Herz, nimm Abschied und gesunde! «

Der Ältere hat immer wieder mit der Versuchung zu kämpfen, seinen erreichten Stand an Wissen und Erfahrung, seine Sicht der Dinge gegenüber den Jüngeren als etwas Besseres zu sehen, daraus Machtvorteile ableiten und nicht Neues lernen zu wollen.

Das ist die Polarität, die andere Seite des Loslassens: das Festhalten, das Sich-Wehren gegen das, was für die neue Phase kennzeichnend ist.

So ist etwas Neues lernen zu wollen oft ambivalent. Es lässt sich nur schwer bestimmen, wie weit es dieses beschriebene Nicht-Wollen ist, das diesen Prozess erschwert; wie es sich bei den ständigen Neuerungen im EDV-Bereich besonders häufig zeigt.

Auf neue Regeln, Devisen, Methoden reagiert der Ältere oft skeptisch, weil er schon so viele „neue Moden" kommen und gehen sah. Er hat sich selbst mehrfach mit wechselnden Sichtweisen und Überzeugungen identifiziert, sodass er neue Ansätze nicht mehr so leicht als die einzig wahren annimmt. Das kann zynisch und gleichgültig machen, aber auch offen für die Komplexität, für das Unbestimmte, das Mehrdeutige, offen für den Wandel als das einzig Beständige.

Junge nehmen Neues oft leichter an und identifizieren sich damit schneller. Sie sehen noch nicht so leicht, dass auch dieses Neue bald alt ist, vergänglich, relativ. Die Älteren könnten, wenn sie nicht verbissen am Alten festhalten („so habe ich, so haben wir es immer gemacht"), diesen Sinn für das Relative entwickeln.

Gerade wenn die Älteren gelernt haben, ihr Ego, ihr Sich-wichtig-nehmen zurückzustellen, wenn sie sich nicht mehr mit jeder aktuellen Regel, Wertvorstellung oder Mode identifizieren, können sie leichter ein Verständnis für das Potenzial im Unterschied entwickeln und erkennen, dass zu verschiedenen

Zeiten, unter unterschiedlichen Bedingungen, in anderen Kulturen jeweils Verschiedenes Sinn machen und gelten mag.

Wenn die oder der Ältere aus dem Konkurrenzdruck mit Jüngeren entlassen wird, kann er sich auf das Gute am Prozess des Älterwerdens einlassen durch die Entwicklung einer Mentorenhaltung. Er kann weitergeben, unterstützen, beraten und die Jüngeren fördern.

Damit einhergehend kann es zu einem Verstehen und Hinnehmen der eigenen Grenzen kommen. Es entsteht unter Umständen ein Blick dafür, dass das Leben nicht ein kontinuierliches Wachsen und Besserwerden ist, sondern einfach verschiedene Phasen durchläuft. In dem Maße, wie ich in meinem eigenen Leben verschiedene Phasen mit unterschiedlichen Vorstellungen, Werten und Gefühlen erkenne – und vor allem auch anerkenne – kann ich diese ebenso bei anderen verständnis- und liebevoll wahrnehmen.

Daraus können sich dann das Bedürfnis und die Fähigkeit entwickeln, Jüngere dort abzuholen und zu unterstützen, wo sie sind und ihre Entwicklung zur nächsten – und nicht schon zur übernächsten! – Stufe zu fördern.

(Die hier beschriebenen Entwicklungen zur Reife und zum Älterwerden brauchen Unterstützung. Dementsprechende Maßnahmen werden in Kapitel 7.2 „Leben und agieren in den jeweiligen Lebensphasen" beschrieben.)

Am leichtesten öffnet sich nun das Herz für Kinder. Das eigene Spielerische gewinnt wieder mehr Raum in dem Maße, wie man sich erlaubt und erlauben darf, das Kämpferische aufzugeben. Gleichzeitig kann das Verständnis für den Egoismus der Jugend – der ja für den Existenzaufbau notwendig ist – wachsen.

So kann der Ältere dem Bemühen um grenzenloses geistiges Wachstum in der Reifezeit Verständnis entgegenbringen, verbunden mit der liebevollen Einsicht, dass unserem Wachsen und „Weise-werden" Grenzen gesetzt sind.

Damit ist es dem Älteren möglich, alle „Eigenheiten" der anderen Phasen aus einer wissend lächelnden, weisen Haltung in seinen momentanen Standpunkt zu integrieren und diesen in humorvoller Selbstbescheidung zu sehen.

Goethe meinte dazu in den Zahmen Xenien:

» Hör auf doch mit Weisheit zu prahlen, zu prangen,
Bescheidenheit würde dir löblicher stehn:
Kaum hast du die Fehler der Jugend begangen,
So musst du die Fehler des Alters begehn. «

6 Wertesysteme von Menschen und Organisationen

Die „Kultur einer Organisation" klingt bisher in vielen Ohren weich, nicht so recht fassbar, schon gar nicht messbar und somit aus betriebswirtschaftlicher Sicht auch nicht bewertbar.

Seit 2002 haben wir mit dem Graves-Modell Erfahrungen und Erfolge gesammelt, das diese Defizite nachweisbar ausgleicht. Im Folgenden wird dieses Modell kurz beschrieben. Es werden darauf basierende Anwendungsbeispiele und Weiterentwicklungen aufgezeigt.

6.1 Graves-Modell

Was zeichnet das Graves-Modell aus?

Es beschreibt die Evolution von Weltbildern und Wertesystemen sowie die daraus entstehenden Konsequenzen für die Entwicklung von

- Kulturen und Gesellschaften,
- Unternehmen und Organisationen,
- einzelnen Menschen.

Warum sind Weltbilder und Wertesysteme wichtig? Sie sind zentrale Steuerungsinstanzen für das Denken, Fühlen und Handeln von Menschen.

Erfunden wurde das Modell von Clare Graves – daher ist es auch bekannt unter dem Namen Graves-Modell. Ken Wilber und Don Beck haben es für die Öffentlichkeit noch breiter verfügbar gemacht.

Es ist ein Evolutionsmodell, das nicht im Sinne von Wertigkeit interpretiert wird – nicht jede weitere Werteebene ist höherwertiger. Evolution bedeutet eine Zunahme von Komplexität.

Organisationen beschäftigen sich u. a. aus folgenden Gründen mit diesem Modell. Sie möchten:

- zuverlässig verschiedenartige Weltbilder, Einstellungen und Wertesysteme einschätzen, die das Verhalten der beteiligten Menschen bestimmen,
- Kultur besprechbar machen,
- erkennen, welche Werte in Teams, Bereichen oder der Organisation als Ganzes dominant sind, und diese mit der angestrebten Zukunftskultur der Organisation abgleichen und
- Handlungsfelder für die weitere Umsetzung identifizieren.

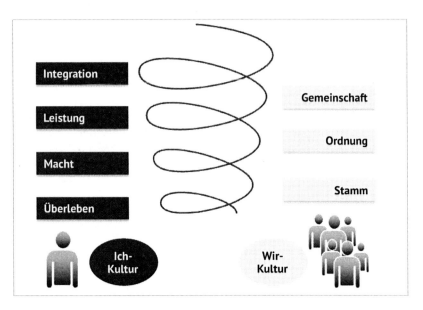

Abb. 7: Graves-Modell – ein Evolutionsmodell

Kurz-beschreibung	Farbe der Handlungslogik	Grundsätzliche Strukturen
Überleben	Braun	Steinzeitliche Horden
Stamm	Lila	Naturverbunden, Stammeskultur (Kelten, Gallier), Gartenbau
Macht	Rot	Feudalreiche, frühes Mittelalter, Ackerbau
Ordnung	Blau	Spätes Mittelalter, Kaiser, König, Kirche, von Gott legitimierte Ordnung
Leistung	Orange	Aufklärung, industrielle Revolution, Leistungsgesellschaft
Gemeinschaft	Grün	68er, Öko-Bewegung, kulturell Kreative, sensitives Selbst
Integration	Gelb	Systemische Denkweisen als Weiterentwicklung der klassischen Organisationsentwicklung

Abb. 8: Graves-Modell Lernspirale – die Handlungslogiken

Nachfolgend wird die in Abbildung 7 dargestellte Spirale, die in Abbildung 8 schlaglichtartig skizziert wird, etwas „umgangssprachlich" beschrieben.

Lange Zeit beschäftigten sich Menschen ausschließlich mit dem Überleben. Typische Situation: Der Mensch war auf sich allein gestellt in der Wildnis. Plötzlich kam ein Tier auf ihn zu. Nun war die entscheidende Frage: Ist es so groß, das es mich verletzt oder frisst, oder wird das Tier getressen? Dann, nach 10 000 Jahren oder mehr stellte man fest, dass das Zusammengehen in Clans und Horden viele Vorteile bringt.
Stammeskulturen bildeten sich, Führung wurde nach den Fähigkeiten der Einzelnen verteilt. Der Stamm war viel wichtiger als der Einzelne[1].

Dies war die Zeit der Mythen und Götter. Was nicht erklärbar war, wurde mit Göttern und Geistern erklärt. So hatte alles seinen definierten Platz – was wiederum Menschen, die gestalten, bewegen und erobern wollten, zu der Frage getrieben hat: „Wo ist denn mein Platz, wo sind meine eigenen Möglichkeiten?"[2]

So entstand die Handlungslogik *Macht.*
Dieser Begriff ist in Deutschland negativ belegt, nicht zuletzt aufgrund der deutschen Geschichte (Hitler/Führer). Uns ist wichtig zu betonen, dass Macht als Entschiedenheit, Entschlossenheit und Durchsetzungsstärke zu interpretieren ist. Als Kraft ist Macht unabdingbar, wenn noch komplexere Wertesysteme im Extremfall wirklich funktional sein sollen.
Die nicht transformierte und von anderen Wertesystemen angereicherte Macht manifestierte sich bis ins späte Mittelalter und teilweise darüber hinaus in Königreichen und Fürstentümern, manchmal mit absolut despotischem und ausbeuterischem Zuschnitt.
Die verfeinerte Form von der Handlungslogik Macht im negativen Sinne in heutigen Organisationen sind z. B. Bereichsegoismen, was dem Verhalten der Fürstentümer früherer Zeiten in wesentlichen Zügen entspricht.

---

[1] *man beachte:*
Das Modell beschreibt ein Pendeln zwischen den Dualitäten Ich-Kultur/Wir-Kultur
[2] *Die „Hardware", also die Gene des Menschen, ist seit weit mehr als 100 000 Jahren unverändert. Was sich wandelt, ist die „Software", also die Wertesysteme (Graves spricht von Handlungslogiken). Bei zunehmender Komplexität der Außenwelt werden sie ebenfalls komplexer. Der Preis, der für diese „Entwicklung" bezahlt wird: Es muss gelernt werden, mit dieser Komplexität auch umzugehen.*

Diese zentrierte Machtfülle wurde den Menschen irgendwann zu viel. Machtteilung wurde angestrebt. Das Pendel schlug aus in Richtung einer Wir-Kultur.
Die Handlungslogik *Ordnung* war geboren; kennzeichnend hierfür ist die Trennung von Exekutive und Legislative sowie von Kirche und Staat.
Die Französische Revolution ist ein prominentes Beispiel, das preußische Beamtentum ein anderes. Beamtentum bedeutet nichts anderes als: Ich habe verliehene Autorität. Aus der Übertreibung von Ordnung entstanden die Bürokratie und damit auch der Regelungswahn – speziell in Deutschland[3].

Dieser Regelungswahn wurde wieder vielen Menschen zu eng und so bildete sich die Handlungslogik *Leistung*.
Die Frühindustrialisierung und das Wirtschaftswunder in den 50er-Jahren sind Beispiele für Leistungskulturen. Es geht um individuelles Gewinnstreben, Begriffe wie unternehmerisch, strategisch, „Management by Objectives" tauchen zum ersten Mal auf. Delegation wird wichtiges Thema, da komplexe Lösungen auch die Nutzung der individuellen Potenziale der Menschen erfordern.

Nach einigen Jahren und Jahrzehnten entdeckten viele Menschen, dass Arbeit nicht alles im Leben ist. Die 68er- oder die Hippie-Bewegung mögen als prominente Beispiele für diese Wertekultur dienen.
Die Gesellschaft der Handlungslogik *Gemeinschaft* ist tolerant, multiperspektivisch und erfahrungsorientiert. Selbsterfahrungsmethoden und -gruppen hatten zu dieser Zeit Hochkonjunktur. Es gab die erste Welle von „Multikulti". Die Schattenseite solcher Kulturen in Organisationen: Es wird viel diskutiert und fast nichts entschieden, alles wird dadurch sehr schnell sehr komplex und langwierig.

Bis zu dieser Handlungslogik spricht Graves von Wertesystemen des ersten Grades. Wenn ein Mensch einen klaren Werteschwerpunkt in einem dieser Handlungslogiken hat, ist er uneinsichtig bis feindlich gegenüber Menschen, die in einer anderen Handlungslogik ihren klaren Schwerpunkt haben.
Ein Mensch mit einem Schwerpunkt in Ordnung kann beispielsweise die Empörung des Unternehmers (Leistung) über die neue Verordnung nicht ganz verstehen. Das gilt auch umgekehrt: Ein Mensch mit einem klaren Schwerpunkt in Macht wird Menschen mit dem Werteschwerpunkt Gemeinschaft ob ihres Verhaltens ebenso strikt ablehnen, wie dies umgekehrt der Fall ist.

---

[3] *Über 2/3 der weltweit vorhandenen Steuerliteratur existiert in Deutschland!*

Die Handlungslogik *Integration* löst diese Thematik auf: In dieser Wertekultur zweiten Grades gibt es eine akzeptierte und wertgeschätzte Koexistenz aller Wertekulturen. Systematik, Flexibilität, Nutzung des gesamten Potenzials der Menschen sind wichtige Schlagworte der Integration. Das klingt zunächst anziehend und besonders „wertvoll".

Wenn ich aber Anteile in der Handlungslogik Integration besitze und andere Handlungslogiken kaum oder gar nicht kenne, wie verhält es sich dann mit dem wertschätzenden Nebeneinander?
Dies wäre wohl nur eine „Scheinintegration". Darüber hinaus gilt es, in Integration die maximale Komplexität zu meistern.
Ob ich mir das in Organisationen in jedem Einzelfall, in jedem Bereich antun muss, ist eine berechtigte Frage. Clare Graves und Ken Wilber sagen, das Integration die maximale Entwicklung darstelle, die mit dem Verstand erreichbar ist.

Die nächste, in großen Teilen bereits existierende Handlungslogik ist *Spiritualität*. Eine weitere Handlungslogik zeichnet sich schon am Horizont ab, die von den führenden Denkern zurzeit erforscht wird.
Die Evolution schreitet voran – was allerdings niemanden wirklich überraschen sollte. In den Grafiken wurde auf die Abbildung dieser Handlungslogiken verzichtet, da wir persönlich keine Organisation kennen, die z. B. durchgängig nach spirituellen Prinzipien organisiert ist.
So entstand die Grenzziehung für dieses Buch. Man verwechsle übrigens bitte Spiritualität weder mit der Kirche als Organisation noch mit Sektentum.

Die nachfolgenden zwei Übersichten stellen die für Organisationen in Westeuropa wichtigen Handlungslogiken noch einmal in direktem Zusammenhang mit Organisationen, Prozessen und Führungsstilen dar.

| Thema | Denken | Wertesystem | Lebensstil | Organisationssysteme | |
				Struktur	Prozesse
Macht (Rot)	Selbstbe-zogen	Macht, Ruhm, Stärke, ohne Grenzen	Lebt für jetzt	Königreiche und Fürstentümer	Macht erhaltend
Ordnung (Blau)	Regulativ	Autorität, Stabilität, Ordnung, Pflicht, „Der rechte Weg"	Lebt für später	Pyramide, fein ausdiff. Hierarchien	entschlossen, kontrol-lierend, oder auch autoritär
Leistung (Orange)	Erfolgsori-entiert	Individualität, Erfolg, Effektivität und materieller Gewinn	Lebt für Gewinn	Delegativ, Hochleistungs-teams	Leistungsori-entiert, wett-bewerbs-orientiert, strategisch
Gemein-schaft (Grün)	Gemein-schafts-bezogen	Egalität und menschliche Bindung, Offenheit, Vertrauen, Subjektivität	Lebt für Harmonie	Gleichartig, wenig Hierarchien	erfahrungs-orientiert, konsens-orientiert, Gemein-schaftsethik
Integration (Gelb)	Umfassend	Wohl des Ganzen, natürliche Prozesse von Ordnung und Wandel	Lebt für Gegen-seitigkeit	flexibel und integrativ	flexibel und integrativ

Abb. 9: Graves-Modell: Eigenschaften der Handlungslogiken (Organisationen) 1

Fokus	Führungskraft	Managementstil	Kraftquelle	Chancen	Risiken
Macht	• Anführer • „Big Boss"	• Direkte Anweisungen • Belohnung für Wohlverhalten	Erobern und Siegen	• kraftvoll • energetisch	„Zerstört teilweise beim umdrehen, was er vorne aufgebaut hat."
Ordnung	• rechtmäßige Autorität	• Top-Down-Anweisungen, • klare Aufgabenzuteilung, • entsprechende Regeln	Glauben an den rechten Weg	• stabil • berechenbar • verlässlich • „gerecht"	• Strukturerhalt wichtiger als Ergebnis • starr, unflexibel
Leistung	• Stratege • Unternehmer	• unternehmerisch • Pläne zur Zielerreichung, MBO • optimiert Profit	Erfolg und Konkurrenz	• zielgerichtet • effektiv • kraftvoll • pragmatisch	• funktionalisiert, ruiniert Lebensfähigkeit • manipuliert, Zweck heiligt Mittel
Gemeinschaft	• einfühlsamer „Facilitator" (Moderator)	• Führer als „Facilitator" • Teilen der persönlichen Erfahrung	Zugehörigkeit	• multiperspektivisch • tolerant für Unterschiedlichkeit	• lähmende Entscheidungsprozesse • Unklarheit
Integration	• kompetenter Partner • Visionär	• Ressourcen bereitstellen • unterstützen, coachen • optimiert Lebensfähigkeit	freier Weg für MA, um Potenziale zu realisieren	• motivierend • wertschätzend • hoch effektiv	Gefahr von Sinnverlust

Abb. 10: Graves-Modell: Eigenschaften der Handlungslogiken (Organisationen) 2

Wir weisen darauf hin, dass dies natürlich nur ein Modell ist – das Leben ist weitaus komplexer und vielfältiger.

Geschichte vom Meister und den drei Schülern:

Zwei Schüler eines großen Meisters hatten sich über eine wichtige Frage sehr gestritten und waren nicht in der Lage, sich zu einigen. Einer von beiden ging zu seinem Meister, trug ihm leidenschaftlich seinen Standpunkt vor und fragte ihn um seine Meinung. Der Meister sagte: „Du hast Recht." Der zweite Schüler ging kurz danach ebenfalls zum Meister und argumentierte für seine Sichtweise. Der Meister, um seine Meinung gefragt, sagte: „Ja, du hast Recht." Ein dritter Schüler, der das Ganze mitbekam, ging aufgebracht zum Meister und sagte: „Wie kannst du das machen! Beide sprachen mit dir von ganz unterschiedlichen Standpunkten. Du hast beiden Recht gegeben! So geht das doch nicht!" Der Meister dachte kurz nach, dann lachte er den Schüler an: „Ja, du hast auch Recht!"

6.2 Anwendungsgebiete für das Graves-Modell

Abb. 11: MOVE

Um Bewegung zu organisieren, müssen sowohl die (Arbeits-)Methoden, die (Aufbau-/Ablauf-) Organisation als auch Verhalten und Einstellung der Belegschaft bzgl. der Veränderung berücksichtigt werden. Besonderer Fokus wird auf das Verhalten und die Einstellung der Mitarbeiter gelegt, weil hier die größte Beschleunigung des Wandels organisiert werden kann.

Es ist wesentlich einfacher, Methoden in Organisationen zu ändern oder die Organisationsform, als auf die Wertekultur von Unternehmen oder die Haltung und Einstellung von Mitarbeitern einzuwirken. Mit der Wirksamkeit der vorgenommenen Veränderung verhält es sich genau umgekehrt: Wenn es Ihnen gelingt, die Wertekultur oder die Haltung und Einstellung von Mitarbeitern zu ändern, erreichen Sie die größten Fortschritte in Veränderungsprozessen.

6.2.1 Einsatz im Coaching

Das hier beschriebene Setting ist die Basisvariante und darf gern kreativ ergänzt werden. Sie erklären dem Coachee das Modell, z. B. wie oben beschrieben. Danach sollten Sie in jedem Fall einige Verständnisfragen erwarten und auch zulassen. Aufgrund der Art der Fragen können Sie selbst bereits erste Eindrücke gewinnen, welche Sympathie oder Antipathie bezüglich einzelner Handlungslogiken existiert. Dann lassen Sie eine Selbsteinschätzung machen: Sie schreiben die Handlungslogik von Macht bis Integration auf ein Blatt Papier und bitten, von 100 Prozent anteilig Prozentpunkte auf diese Handlungslogiken zu verteilen. Nicht jede Handlungslogik muss Prozente erhalten. Ermuntern Sie zu eher großzügiger Verteilung. Es kommt häufig nicht auf fünf Prozent mehr oder weniger an, es geht eher um Schwerpunkte. So geschehen, lässt es sich mit dem Ergebnis gut weiterarbeiten.

Bei Konflikten mit einer anderen Person lassen Sie von dieser nach dem gleichen Muster eine Einschätzung vornehmen. Sie können auch die einzelnen Handlungslogiken als Stimmen des inneren Teams (siehe Schulz von Thun: „Miteinander Reden 3") diskutieren lassen.

6.2.2 Einsatz in Teams

Für Teams hat sich besonders der Einsatz des Abgleichs „Eigen- und Fremdbild" bewährt. Die Vorgehensweise: Vorstellung des Modells und anschließend Fragen und Antworten (max. 30 Minuten). Bei langen Diskussionen oder Widerständen sollten Sie auf der Metaebene suchen, was es gerade so schwer macht loszulegen.

Zwei Thesen als Beispiel:
*   Eine stark gemeinschaftlich geprägte Kultur möchte vielleicht nicht, dass Unterschiede deutlich werden.
*   Oder eine stark von Macht geprägte Kultur, mit dem anwesenden „Mächtigen", wartet das Team auf das Signal des Chefs oder hat Angst, dass zu viel von der Situation deutlich wird.

In so einem Fall rechnen wir mit Ihrer Professionalität, als Berater adäquat damit umzugehen. Ist diese kleine Hürde genommen, geht es an die eigentliche Übung. Mit mehr als zehn Personen dauert das Feedback sehr lange, sodass Sie überlegen sollten, ob ein Vorgehen mit zwei Teilgruppen und anschließender gemeinsamer Reflexion im Plenum nicht u. U. besser geeignet ist.

Nehmen Sie ein vorbereitetes Flipchart oder Metaplanwand und stellen Sie die Struktur vor. In der Horizontalen stehen die Begriffe der Handlungslogiken von Macht bis Integration, in der Vertikalen alle Namen des Teams untereinander.

1. Diese Tabelle bitten Sie nun jedes Teammitglied, erst einmal auf seinem eigenen Papier auszufüllen, also sich selbst und alle anderen einzuschätzen, indem 100 Prozent auf die fünf Handlungslogiken verteilt werden. Dabei sind die Regeln wie im Kapitel 6.2.1 „Einsatz im Coaching" zu beachten.
2. Wer damit fertig ist, beginnt, die Fremdbilder auf die von Ihnen vorbereitete Tabelle auf der Wand zu übertragen.
   Drehen Sie dazu das Flipchart oder die Metaplanwand so, dass die Teilnehmer dies nicht von ihren Plätzen aus einsehen können, das schafft etwas Schutz und hilft auch nicht gewollte „Orientierungen" der anderen zu vermeiden. Das Selbstbild bleibt auf dem Zettel und wird nicht mit übertragen.
3. Sind alle Teammitglieder hiermit fertig, fragen Sie den ersten: „Zu welchen der Zahlen möchten Sie gern Feedback?"
   Die Teammitglieder geben dazu Feedback, wobei die gängigen Feedbackregeln beachtet werden sollten. Zusätzlich können Sie noch darauf hinweisen, dass ein Feedback wie z. B. „So bist du halt!" nicht sehr informativ ist. Anders ausgedrückt: Es geht um beschreibende Erläuterungen oder Beispiele.
4. Am Ende des Feedbacks wird das Eigenbild (z. B. mit anderer Farbe) ergänzt und das nächste Teammitglied ist nach demselben Ablauf an der Reihe.

Falls es um Konflikte zwischen Teams geht, hat sich folgendes Schema, welches ein Organigramm mit den jeweiligen Kulturschwerpunkten abbildet, zur Gewinnung von Über- und Einblicken bewährt:

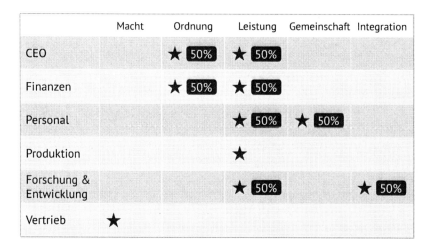

	Macht	Ordnung	Leistung	Gemeinschaft	Integration
CEO	★ 50%	★ 50%			
Finanzen	★ 50%	★ 50%			
Personal			★ 50%	★ 50%	
Produktion			★		
Forschung & Entwicklung			★ 50%		★ 50%
Vertrieb	★				

Abb. 12: Memetisch hinterlegtes Organigramm

Vor dem Einsatz des Graves Modells ist sinnvoll, als ersten Einstieg in das Thema „Wertschätzung von Unterschiedlichkeit" das Riemann-Thomann-Kreuz in Kombination mit den Belbin-Rollen zu nutzen (siehe Kapitel 8.3 ff.).

In Führungsteams macht nach dieser Sequenz zudem Sinn, über Zielkulturen zu diskutieren und diese festzulegen (100 Prozent verteilen wie oben beschrieben).

6.2.3 Kulturmessung mit dem Graves-Modell

Jetzt kommen wir zu einem Instrument, das aufgrund unserer eigenen Überlegungen entstanden ist: einem Fragebogen zur Kulturmessung. Er wurde z. B. erfolgreich eingesetzt, um den Stand der Ist-Kultur oder später den Fortschritt eines Changeprozesses zu messen. Das dargestellte Instrumentarium stellt einen Ausschnitt des realen Fragebogens dar. Die Idee ist, konkrete „Tatorte" zu identifizieren, an denen Kultur erlebbar ist, wie z. B. :
* Umgang mit dem Kunden,
* Zusammenarbeit im Team,
* organisationseinheitenübergreifende Zusammenarbeit,
* Meetingkultur,
* Mitarbeiterförderung,
* Umgang mit Konflikten usw.

Wichtig ist, dass die Aussagen über alle Handlungslogiken wählbar und positiv belegt sind. Dies stellt teilweise hohe Anforderungen an die Ersteller des Fragebogens, denn wenn für sie nicht alle Handlungslogiken positiv belegt sind, wird es ihnen schwerfallen, positive Formulierungen zu finden. Außerdem ist darauf zu achten, dass sowohl „Tatorte" als auch die Sprache den Erfordernissen der aktuellen Organisation angepasst sind. Wenn der Befragungsbogen dann elektronisch zur Verfügung gestellt wird, sollte die Reihenfolge der Aussagen pro Frage gemischt werden, um keine Tendenzen zu fördern (z. B. erste Aussage sollte nicht immer eine zur Handlungslogik Macht sein).

Darüber hinaus hat es sich bewährt, nicht nur die Frage zur Ist-Kultur, sondern auch zur Soll-Kultur zu stellen. Dadurch erfahren Sie, „wo der Hase hinlaufen würde, wenn er dürfte, wie er wollte".

Soweit zur Einführung – jetzt zum Fragebogen:

Befragung zur Kundenorientierung und Zusammenarbeit
Einsatzbereich: **Bereich A/B/C:**
Führungskraft: **Ja, Nein**

Entwurf – Der Fragebogen – Anleitung

Zu jedem Themenbereich gibt es zwei Fragen:
Die erste bezieht sich auf den IST-Zustand, so wie Sie diesen gegenwärtig erleben.
Die zweite bezieht sich auf den IST-Zustand, so wie Sie es am liebsten hätten.
Bitte weisen Sie jeder Antwortmöglichkeit durch Anklicken einen Punktewert zwischen 0 und 5 zu.
Je höher Ihre Zustimmung, desto höher der Wert, den Sie wählen.
Bei unzutreffenden Sätzen kreuzen Sie bitte 0 Punkte an.

Beispiel:
Unterschiedliche Menschen mögen unterschiedliches Essen. Welche Küche schätzen Sie?

Ich mag italienische Küche   Ich mag indische Küche

0	1	2	3	4	5		0	1	2	3	4	5
Trifft gar nicht zu					Trifft völlig zu		Trifft gar nicht zu					Trifft völlig zu
					X			X				

Abb. 13: Graves-Modell – der Fragebogen zur Kulturmessung, Teil 1

Wie erleben Sie Kommunikation?

Wie wünschen Sie sich Kommunikation?

- ❏ ❏ Schnelles, effektives, sach- und zielorientiertes Abarbeiten von Themen. Fachliches steht im Vordergrund.
- ❏ ❏ Wertschätzend, orientiert an den Bedürfnissen der Runde bzw. des Gegenübers. Raum für Privates. Harmonie ist wichtig, Kontroversen werden eher vermieden.
- ❏ ❏ Klar und verbindlich, situativ angemessen. Lernen durch offenen Umgang mit Erfolgen und Fehlschlägen.
- ❏ ❏ Findet statt, wenn der Chef etwas zu sagen hat oder wissen will.
- ❏ ❏ Formal, mit Beschluss und Anweisung, differenzierte tool-unterstützte Berichtswege.

Wie erleben Sie Treffen?

Wie wünschen Sie sich Treffen und Zusammenkünfte?

- ❏ ❏ Unregelmäßig einberufene Ansprachen und Appelle mit einem Anteil von Selbstdarstellung
- ❏ ❏ Intensive Runden, in denen Beziehungsorientierung im Vordergrund steht. Bei Entscheidungen ist Konsens wichtig
- ❏ ❏ Strukturiert. Denken über Grenzen hinaus wird unterstützt. Persönliches/Sachliches in situativer Balance. Gezielter Wissenstransfer.
- ❏ ❏ Regelmäßige Zusammenkünfte mit geordnetem, immer gleichem Ablauf.
- ❏ ❏ Bedarfsorientiert mit klarer Agenda, klare Zielvorgaben, sach- und ergebnisorientiert.

Wie erleben Sie den Umgang mit dem Kunden?

Wie wünschen Sie sich den Umgang mit dem Kunden?

- ❏ ❏ Kunden werden auf unsere Linie gebracht.
- ❏ ❏ Der Kunde hat sich an unsere Vorgaben und geordneten Abläufe zu halten, damit wir für ihn tätig sein können.
- ❏ ❏ Der Kunde ist kompetenter Partner, dem wir unsere Kompetenz zur Verfügung stellen.
- ❏ ❏ Wir überzeugen den Kunden durch Leistung. Die Messbarkeit wird angestrebt.
- ❏ ❏ Wir legen Wert auf eine gute persönliche Beziehung mit dem Kunden.

Wie erleben Sie Mitarbeiterförderung?

Wie wünschen Sie sich Mitarbeiterförderung?

- ❏ ❏ Ausbilden und Anlernen von Gefolgschaft.
- ❏ ❏ Qualifizierung nach festen Regeln und definierten Kontingenten. Aufstieg nach klaren Regeln und/oder Betriebszugehörigkeit.
- ❏ ❏ Situations- und potenzialgerecht. Balance von Fordern und Fördern.
- ❏ ❏ Qualifizierung geschieht bedarfs-, ziel- und umsetzungsorientiert. Aufstieg nach Leistung.
- ❏ ❏ Alle werden im gleichen Umfang gefördert gemäß den persönlichen Interessen und Wünschen.

Abb. 14: Graves-Modell – der Fragebogen zur Kulturmessung, Teil 2

In der elektronischen Fassung geht immer dann, wenn das Zeichen ❏ ange-wählt wird, eine Dialogbox auf, in der Werte von 0 bis 5 angeklickt werden können.

Das Tool exportiert für die Auswertung (in der Regel EXCEL-Format), sodass alle möglichen Diagramme zur Verdeutlichung erstellt werden können.

Können Sie anhand des Befragungsbogens herausfinden, welche Handlungs-logiken mit welcher Aussage angesprochen werden? Wenn ja, ist es bis zur eigenständigen Anwendung des Modells nicht mehr weit! Wenn Sie einen Kurztest für Ihre Organisation machen möchten, wenden Sie sich gerne an uns unter: info@detego.eu.

6.3 Lebensphasen und Wertesysteme

Wir haben in den vorangegangenen Kapiteln drei Modelle dargestellt:
* Modell Lebensphasen von Unternehmen
* Modell Lebensphasen von Menschen
* Modell Wertesysteme von Menschen und Organisationen

Die Lebensphasen von Unternehmen und Menschen haben wir, soweit das sinnvoll schien, parallelisiert. Unternehmen, die erkennen, dass ihr Ist-Zustand nicht absolut richtig ist, sondern lediglich eine Phase darstellt, akzeptieren leichter, dass auch Menschen/Mitarbeiter sich in bestimmten Phasen befinden und diese durchlaufen. Führungskräfte und Berater können leichter Klarheit darüber gewinnen,
* welche Gewichtungen in ihrer Unternehmensphase mehr oder weniger effektiv sind,
* welche Mitarbeiter in welcher Lebensphase im Unternehmen an welchem Platz wirkungsvoll arbeiten können
* und welche Rahmenbedingungen und welche Förderungen und Unterstützungen sie brauchen.

Mitarbeiter, die ihre Phase als „zu durchlaufenden" Abschnitt erkennen
* können leichter den Wandel ihrer Kompetenzen und Potenziale einschätzen und würdigen
* also auch produktiv mit Wandlungskrisen umgehen und ihrerseits klar einschätzen, welcher Arbeitsplatz, welche Rahmenbedingungen und ggf. welches Unternehmen für sie am besten geeignet ist.

Wie fügt sich dieses Modell für Wertesysteme, also das Graves-Modell, in unsere Betrachtung ein und was kann es bringen?

Mit den Lebensphasen wandeln sich die Wertesysteme bzw. die Profile von Wertesystemanteilen – eine Evolution findet statt. Man könnte versucht sein, die Spiraldynamik der Wertesysteme mit den Lebensphasen von Menschen und Unternehmen einfach zu parallelisieren. Clare Graves oder auch Don Beck haben genau dies versucht.

Wir folgen dieser Richtung nicht strikt. Für das Unternehmen in der Pionierphase spielen Macht als Durchsetzungsvermögen und Leistung sicher eine größere Rolle als Ordnungsprinzipien und Pflichtbewusstsein.

Für einen jungen Menschen sind Durchsetzungsvermögen und Leistung ebenfalls entscheidend. Er braucht aber zudem Struktur, sogar Autorität – eventuell nur um sich daran abzuarbeiten und sich demgegenüber zu profilieren. Vermutlich sind in jeder Phase fast alle Handlungslogiken präsent, nur eben mit sehr unterschiedlicher Gewichtung. Da jeder (junge) Mensch ein Individuum ist, sind die Handlungslogiken bei jedem auch in einem anderen Anteilsprofil repräsentiert.

Im vorangegangenen Kapitel wurde die Arbeit mit dem Graves-Modell im Einzel- und Teamcoaching vorgestellt. Daraus kann abgeleitet werden,
- wie die Werte bei Einzelnen, Teams und größeren Systemen gewichtet sind,
- was unter- oder überrepräsentiert ist – gemessen an der jeweiligen Rolle, Funktion oder dem Aufgabenbereich
- und welche Handlungslogiken entsprechend verstärkt oder abgeschwächt werden können.

Gleichzeitig lernen die Teilnehmer, die sich dem Erkundungsprozess durch das Graves-Modell anvertrauen, alle Handlungslogiken wertfrei als wichtige Faktoren eines Systems, auch ihres eigenen, als Person anzuerkennen und ihre jeweilige Bedeutung zu würdigen. Genau das Gleiche wird durch die Arbeit mit den Lebensphasen-Modellen erreicht.
Wir werden darauf in den folgenden Kapiteln näher eingehen.

Die vorangegangenen Abschnitte über Lebensphasen können unter dem Aspekt gelesen werden, dass innerhalb der inhaltlichen Gestalt einer Lebensphase noch verschiedene Wertesystemprofile eine Rolle spielen.
Während Sie sich dem Graves-Thema nähern, sollten Sie im Blick behalten, dass die Menschen oder das Unternehmen sich in einer speziellen Lebensphase befinden können.
Dadurch gewinnen die Handlungslogiken ggf. eine unterschiedliche Gewichtung und Bedeutung. Jedes System – egal, ob Person, Team, Abteilung oder Unternehmen – wird dabei als eine von einem multifaktoriellen Netz bestimmte Größe gesehen. Der Vorteil dieser Sichtweise ist, seine eigene und die Komplexität anderer Systeme besser erkennen, begreifen und produktiv weiterentwickeln zu können, anstatt dass sich in einem System die verschiedenen Teile bekriegen oder Stagnation vorliegt.

Bei der Lektüre der Kapitel 7.2 und 7.3 „Leben und Agieren in den jeweiligen Lebensphasen" und „Leben und Agieren in den jeweiligen Unternehmensphasen" kann als Ergänzung bzw. weitere Komplexitätsstufe der Zugang über Wertesysteme nach Graves mitgedacht werden.

Wie dies der Leser anteilmäßig für sein Verständnis und seine praktische Arbeit mischt, soll jedem selbst überlassen sein. Es sind alles nur Modelle, Sichtweisen, Arbeitshypothesen – sie sind gut „if they work".

Im letzten Abschnitt des Buches werden wir weitere Modelle, Sicht- und Arbeitsweisen zum Umgang mit Unterschieden darstellen.

7 Was daraus folgt

In den vorausgegangenen Kapiteln wurden Modellsichten entwickelt – ganz sicher nicht die einzig möglichen, aber eben jene, die uns bei unserer Arbeit schon viel geholfen haben:

• Dinge zu verstehen, in einem Beratungsprozess Abkürzungen zu finden,

• um letztendlich auch den Spaß an der Arbeit zu behalten.

Frei nach dem Prinzip: „Alles was hilft und andere nicht schädigt, ist erlaubt."

Mit diesem Fokus stellen wir einen „Werkzeugkasten" vor, bestehend aus Prinzipien, Haltungen und differenzierten Beratungsansätzen, der sich in der Praxis als nützlich erwiesen hat. Bevor wir uns diesem Thema widmen, ist allerdings noch etwas anderes zu verstehen:

• Jeder Einzelne, jede Organisation, jedes Unternehmen möchte überleben

• und auf ihre/seine Art von Erfolgsdefinition erfolgreich sein.

Die Frage ist, wie und mit welchen Instrumenten, Rahmenbedingungen und Leitplanken Erfolg definiert und sich das Neue manifestiert. Denn um eine Soll-Kultur zu stabilisieren ist es notwendig, diese in den Instrumenten der Personalwirtschaft und -entwicklung soweit es geht zu verankern.

Menschen achten sehr auf Stimmigkeit. Wenn der Alltag den angekündigten Neuerungen häufig widerspricht, wenn Reden und Handeln dauerhaft auseinanderklaffen, ist das eher eine Stärkung des Status quo als der neuen Kultur.

Im Folgenden werden die wichtigsten rahmen- und regelsetzenden Modelle dargestellt.

7.1 Leitplanken und Regelsysteme in Unternehmen / Ist-Zustand und Möglichkeiten

Ökonomischer Druck ist in fast allen Branchen die vorherrschende Grundströmung. Kurzfristige Betrachtungen herrschen vielerorts vor.

Das „Quartalsmanagement" sorgt dafür, dass Themen, die sich nicht innerhalb eines Vierteljahres ertragsmäßig belegen lassen, häufig hinten angestellt werden. Je akuter die Situation ist, bzw. je hektischer die Akteure agieren, desto deutlicher werden Kosten gespart – koste es, was es wolle! Beispiele dafür sind allen bekannt, z. B.:

- Schulungen kürzen oder streichen,
- für neue Modelle wird der Rollout eingespart
  (damit allerdings auch deren Wirkung),
- Reisen und Meetings werden drastisch eingeschränkt bzw. einzeln genehmigungspflichtig.

Die Kosten, die dabei aufgrund von inneren und tatsächlichen Kündigungen und deren Effekten insgesamt entstehen, übertreffen das geplante Einsparvolumen jedoch nicht selten um ein Mehrfaches.

Machen Sie bitte einen Kurzcheck nach Graves über die Soll-Kultur, z. B. anhand einer Befragung der Geschäftsführung bzw. des Vorstands. Wenn in dieser Auswertung der Schwerpunkt in den Handlungslogiken Macht und Ordnung oder Ordnung und Gemeinschaft liegen würde, sollten Sie sich den Großteil der Entwicklung und Umsetzung dieser Modelle ersparen!
Sie als Berater oder Coach werden nicht gebraucht, sondern sogar missbraucht. Ist neben den Handlungslogiken Macht und Ordnung oder Ordnung und Gemeinschaft auch Leistung und/oder Integration gefragt, lohnt es sich, über eine Umsetzung nachzudenken[4].

---

[4] *Als Berater können Sie natürlich Organisationen bezüglich dieser Themen beraten, die in der Soll-Kultur den Schwerpunkt in den Handlungslogiken Macht und Ordnung oder besser noch Ordnung und Gemeinschaft haben. Das kann lange dauern (und kann Ihnen viel Geld einbringen), Sie sollten nur nicht auf eine funktionierende Umsetzung hoffen.*

Ein Beispiel:

Bei einem Versicherer wurden in die bereits konzeptionell vorhandenen Mitarbeitergespräche Zielvereinbarungen integriert. Das Unternehmen bewegte sich in der rigiden Phase und versuchte so, eine stärkere Leistungskultur zu unterstützen und gezielte verbindliche Personalentwicklungsmaßnahmen zu verabreden. Soweit alles „state of the art" – es fehlte allerdings der Glaube an die Veränderungsfähigkeit großer Teile der Belegschaft.

Zusätzlich war zu beobachten, dass die konsequente Durchführung der Mitarbeitergespräche vom Topmanagement nicht nachgehalten wurde. Abweichungen wurden deshalb teilweise nicht entdeckt. Was nicht gelang, war bei den Führungskräften die Anteile Macht, Leistung und ggf. Integration zu mobilisieren, um mit personifizierter Verantwortung richtig anzupacken.

Anders als für den Einzelnen im gesellschaftspolitischen Kontext eines Landes ist für den Unternehmer im Unternehmen (das ist ja immerhin derjenige, der Regeln ändern darf) einfacher, Einfluss auf die Rahmenbedingungen und Regelsysteme zu nehmen.

Einfacher bedeutet jedoch nicht einfach, denn es ist eine komplexe Angelegenheit, Rahmenbedingungen, Regelsysteme und Kulturen für soziale Systeme zu schaffen, die ein einigermaßen berechenbares Verhalten gewährleisten sollen. Dabei haben sich in Veränderungsprozessen acht Themenbereiche herauskristallisiert, die besonderes Augenmerk verdienen (s. Kapitel 7.1.1 bis 7.1.8).

Die Herausforderung ist, diese Dinge nicht gleichzeitig zu tun, aber als Gesamtheit im Blick zu behalten. Womit im Einzelnen begonnen werden sollte, kann nicht generell bestimmt werden, sondern hängt von der konkreten Situation ab. Wenn sich ein Unternehmen oder eine Organisation weiterentwickeln will, müssen diese Regel- und Wertesysteme Schritt für Schritt auf das neue Niveau abgestimmt werden. Das legt nahe, eine Projektorganisation mit in- und externen Projektleitern und entscheidungsfähiger Lenkungsgruppe zu etablieren, um den Prozess kontinuierlich, nachhaltig und beteiligungsorientiert zu gestalten.

Folgende Instrumente sind das Fundament, das Zielfoto oder die Leitplanken für die angestrebte Unternehmenskultur. Sie sind über die beteiligungsorientierten Entwicklungsprozesse der Transmissionsriemen oder die Brücke für die Veränderung auf eine Zielkultur hin.

7.1.1 Leitbild und Vision

Zur Leitbildentwicklung wurde bereits von vielen Menschen wurde bereits eine ganze Menge gesagt und geschrieben. Dem ist eigentlich auch nicht viel hinzuzufügen, wenn in der Praxis nicht immer wieder die gleichen Fehler und Missverständnisse auftauchen würden.

Zum Entstehungsprozess von Leitbildern und Visionen
Einem Ergebnisdokument (z. B. Broschüre) sieht man nicht unbedingt an, wie viel Wert und Gewicht es hat. Das Wertvolle entsteht durch die Art und Weise des Erarbeitungs- und Beteiligungsprozesses:
*   Wie wird beteiligt?
    (gar nicht, angemessen, effektiv, zu breit, ausufernd, langwierig)
*   Wie wird mit Veränderungsvorschlägen umgegangen?
    (jeder wird berücksichtigt, kein roter Faden, es herrscht Klarheit über die Kernaspekte, Scheinpartizipation)

Immer noch entstehen Leitbilder und Visionen, indem von anderen Organisationen abgeschrieben wird – mit der Motivation: „Weil moderne Organisationen so etwas einfach brauchen". Die in Hochglanzbroschüren investierten Gelder sollten unserer Meinung nach besser dem Beteiligungsprozess zugutekommen.

Charakter von Leitbildern
Leitbilder sollen Orientierung im Verhalten und Handeln geben und einen Bezugspunkt für hierarchieübergreifendes Feedback schaffen. Ein häufig auftretendes Missverständnis ist, dass Leitbilder als Messlatte an die Ist-Kultur angelegt werden. Darum finden sie sich teilweise in der aktuellen Situation nicht realisiert. Schlussfolgerung: „… ist doch alles Gelaber!"

Andere Variante: Die Mitarbeiter benutzen die Leitbilder als Messlatte für die Führungsmannschaft und stellen Abweichungen fest. Soweit alles bestens, guter erster Schritt! Jetzt müsste ein Feedback an die Führungskräfte erfolgen. Wenn dann jedoch mit Ihrem Feedback mehrfach nicht gut umgegangen wird, sollten Sie mit Recht Zweifel haben, wie ernsthaft mit den Leitbildern umgegangen wird. Doch lassen Sie sich überraschen. Probieren Sie einfach aus. Echte Veränderung entsteht durch Denken und Tun, nicht nur durch Denken allein.

Visionen klar und „drastisch"
Wir möchten diese Überschrift mit einem Bild erklären.

Sie stehen in einem Raum und schauen bisher stets in die nördliche Ecke dieses Raumes. Der Wille zur Veränderung ist vorhanden, denn Sie haben drastischen Änderungsbedarf von z. B. überbordender Bürokratie hin zu echter Kundenorientierung.

Sie denken: „Ich möchte niemanden überfordern"; also definieren Sie die neue Vision Richtung Nordost, die mit einer leichten Drehung des Kopfes in den Blick zu bekommen ist. Das löst keinen Veränderungsimpuls aus, denn man muss sich nicht anders aufstellen. Probieren Sie es aus.

Besser wäre es, die Vision gleich im Süden zu positionieren. Da ist, wie Sie feststellen können, mit einer leichten Kopfdrehung oder überhaupt mit Kopfdrehen kaum etwas zu machen. Sie müssen Schritt für Schritt Ihre Position verändern, wenn es nicht schmerzhaft und unbequem werden soll. Bei Visionen kommt es darauf an, Begeisterung, ein Feuer anzustecken, das Menschen hilft, etwas oder sich zu bewegen. Revolution im Denken und Evolution im Handeln.

Wie eine Vision einfach zu erarbeiten ist:
Das Schema, das zur Anwendung kommt, ist das gleiche, das auch im nächsten Kapitel zum Thema individuelles Rollenverständnis zum Einsatz kommt. Dem aufmerksamen Beobachter ist es sicher schon aufgefallen: Wir haben eine Vorliebe für Modelle, die „einfach" sind und sich sowohl auf das Individuum und das Team wie auf ganze Organisationen anwenden lassen.

Zur Orientierung:
* Die Vision leistet einen Beitrag zur Identität. Die Grundprinzipien, die erarbeitet werden, können Eckpfeiler eines Leitbildes sein.
* Das Leitbild definiert die Werte- und Glaubenssätze, die „Spielregeln des Erfolges" einer Organisation.
* Unterstellt man die Fähigkeiten der Menschen (und ist das „Wollen" vorhanden), wird sich dies im konkreten Verhalten zeigen.

Konzentrische Kreise wurden ergänzend hinzugefügt, um sich optisch etwas vom Hierarchiegedanken zugunsten einer Denkweise von innen nach außen zu lösen. Ist etwas über alle Kreise hinweg stimmig, spricht man auch von Authentizität.

Mit der obersten Spitze des Dreiecks (Spiritualität) haben wir in Organisationen noch nicht gearbeitet, sehr wohl aber im Individualcoaching. Dabei geht es um Themen, die den Menschen unabhängig von seiner konkreten Rolle in einer Organisation bewegen – also um seine tiefsten Orientierungen.

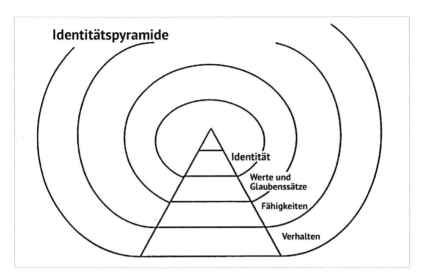

Abb. 15: Identitätspyramide

Aufgabe:

Mit Führungskräften einer Organisation oder auch einem Team, das eine Vision braucht, lassen Sie nachfolgendes Schema erarbeiten. Natürlich müssen vorher wichtige Aspekte benannt und diskutiert werden, wie z. B. Auslöser von Kunden, Markt sowie strategische Veränderungen und Rahmenbedingungen.

Gut ist, wenn sich die Gruppe, mit der Sie arbeiten schon als Team gefunden hat. Sollte dies nicht der Fall sein, sollten Sie erst etwas für die Teamfindung tun – sonst haben Sie wahrscheinlich mehr Komplexität, als Ihnen und der Gruppe guttut.

Bleibt noch die Frage, mit welcher zeitlichen Perspektive (ein bis x Jahre) Sie die Vision beschreiben.
Dies hat etwas mit der Veränderungsgeschwindigkeit einer Organisation zu tun. Vorsicht, diese kann höchst unterschiedlich sein! Fragen Sie zunächst die Gruppe: „Wenn sie, von heute an gesehen die Zukunft definieren sollten, welche Jahreszahl würden sie nennen?"
Die Differenz von heute bis zu diesem Zeitpunkt sollte in die erste Aussage der unten stehenden Vorlage eingesetzt werden (z. B. eineinhalb Jahre).
Wir bekamen übrigens hier schon Nennungen zwischen drei Monaten und acht Jahren. Dieser Wert beschreibt annähernd die Einschätzung des Zeitaufwands,

um etwas Neues im Wesentlichen umgesetzt zu haben – also die Veränderungsgeschwindigkeit einer Organisation.

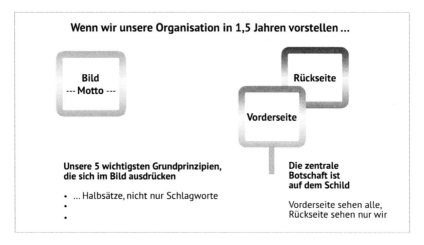

Abb. 16: Wenn wir uns unsere Organisation in eineinhalb Jahren vorstellen

Die Übungsanleitung hierzu finden Sie auf den Seiten 80/81 im folgenden Kapitel 7.1.2.

Wenn die Gruppe begeistert hinter dem Ergebnis steht, ist es geschafft! Jetzt braucht es die marketinggemäße Aufbereitung sowie aus unserer Sicht bei Visionen und Leitbildern einer Organisation häufig einen Umsetzungsprozess.

Umsetzung von Leitbildern

Eine sehr schlichte Betrachtung von Veränderungshürden geht von drei Hürden aus: Nichtwissen, Nichtkönnen und Nichtwollen.

Mit Broschüren, Informationsveranstaltungen oder der Aufnahme in die firmeninterne elektronische Infoplattform (Intranet) wird ein wertvoller Beitrag zur Überwindung der Hürde „Nichtwissen" geleistet.
Wenn das neue Leitbild eine deutliche Veränderung zur Ist-Kultur darstellt, wird der neuen Kultur nicht ausreichend Konkretisierung und Kraft gegeben.

So bietet sich an, mit der kleinsten Einheit (z. B. Teams) Folgendes zu konkretisieren:
* Was heißt das Leitbild für unser Team? – Sehr konkret und operativ.
* Was kann ich tun, um dem Leitbild zum Erfolg zu verhelfen? – Durch Aufzeigen individueller Beispiele.

Ein ganzer Tag zu diesem Thema ist in jedem Fall eine gute Investition.
Nach sechs bis acht Wochen sollte mit einer Follow-up-Veranstaltung (ca. ein halber Tag) nachgefasst werden:
* Wo stehen wir im Umsetzungsprozess?
* Was klappt gut? Was ist schwierig? Was ist unklar?

Diese Sequenz leistet einen Beitrag zu den Hürden „Nichtkönnen" – falls es sich nicht um extreme Fälle handelt, auch zum Thema „Nichtwollen".

7.1.2 Rollen, Führungsrolle und Führungsverständnis

Rollen sind wichtige Elemente, um Flexibilität in Organisationen zu bekommen. Es gibt allerdings nicht zwingend eine 1:1-Beziehung zwischen Stelle und Rolle. In einem kleinen Team kann der Teamleiter z. B. zusätzlich die Rolle des Projektleiters innehaben (oder des Systemarchitekten o. ä.).

Die Struktur der Beschreibung finden Sie auf den nachfolgenden Seiten. Besonders hervorzuheben ist der Charakter der Rolle.
Die aufgeführten sechs Begriffe stehen für die Kernprozesse, die sich in jeder Organisation finden. Bevor es an die inhaltliche Beschreibung der Punkte eins bis drei geht, hat es sich bewährt, den Rollen-Charakter darüber zu definieren, dass die verbrachte Zeit in den Kernprozessen prozentual festgelegt wird.
Hieraus resultiert die in der Praxis häufig erlebte Schwierigkeit, dass man egal ob Stellen- oder Rollenbeschreibung, eine zueinander ungewichtete Aufzählung von Aufgaben hat.
Es existiert damit nur eine Scheinklarheit darüber, wie diese Aufgaben zu priorisieren bzw. in ihrer Bedeutung zu verstehen sind.

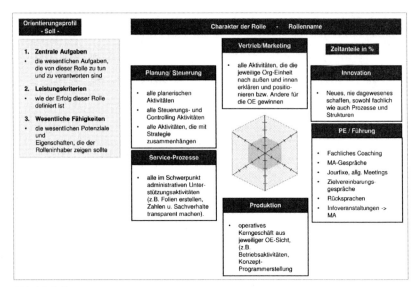

Abb. 17: Rollenname

Nachfolgend zwei Beispiele für Führungsrollen, durch die die Gestaltungsprinzipien zwischen Führungsrollen gezeigt werden. Diese sollten geklärt sein, damit aus der Führungsmannschaft über mehrere Hierarchieebenen ein funktionierendes Ganzes wird.

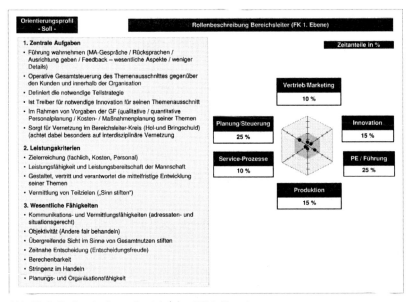

Abb. 18: Rollenbeschreibung Bereichsleiter (FK 1. Ebene)

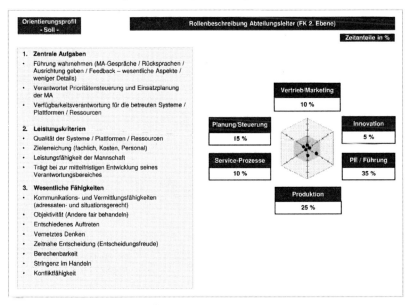

Abb. 19: Rollenbeschreibung Abteilungsleiter (FK 2. Ebene)

An diesem einfachen Beispiel ist gut zu erkennen, welches die Gestaltungsprinzipien des Zusammenwirkens der beiden Führungsrollen sind:

* Der Schwerpunkt der (Mitarbeiter-)Führung liegt auf der
  Abteilungsleiterebene.
* Die Innovationsführerschaft z. B. liegt jedoch klar bei der
  Bereichsleitung.
* Über die Bereichsleitung sollen auch die Planungs- und
  Strategieleitplanken erarbeitet werden.
* Somit hat die Abteilungsleitung fachlich mehr Spielraum
  (Produktion).

Bis jetzt wurde die Klarheit in der Struktur (Handlungslogik Ordnung) schon
deutlich positiv beeinflusst. In der Praxis wird jedoch teilweise an diesem Punkt
der Beschäftigung mit dem Thema der Prozess abgebrochen.
Immerhin besser als gar nichts, dennoch fehlt ein wichtiger Schritt. Das bisher
Erarbeitete ist eine gute Vorlage, aber kein individueller Maßanzug.

Wenn es eine Teamentwicklung für Führungsteams gibt, kann der Maßanzug
aus der oben beschrieben Führungsrolle durch folgende Übungssequenz erarbeitet werden.
Dabei bitten Sie die Teilnehmer, einzeln nach folgender Übungsanleitung zu
arbeiten:

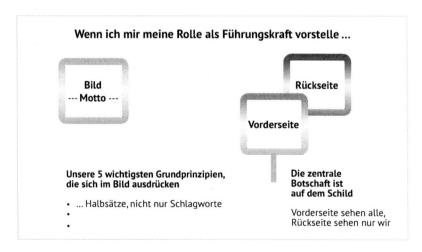

Abb. 20: Wenn ich mir meine Rolle als Führungskraft vorstelle ...

- Jeder Teilnehmer bereitet für sich ein Flipchart mit den oben genannten Elementen vor (Zeitvorgabe 30 bis 45 Minuten).
- Im Anschluss präsentiert ein Teilnehmer sein Flipchart (ca. fünf Minuten).
- Danach setzt er sich im Raum zur Seite und hört zu, schreibt mit. Er redet und diskutiert allerdings nicht mit.
- Die anderen Teilnehmer geben Feedback und/oder äußern Eindrücke zum Bild oder anderen Elementen der Präsentation.
- Wenn keine Beiträge mehr kommen, wird der Präsentator gefragt: Was hat ihn überrascht, was hat er gelernt?
- Nun ist der nächste Teilnehmer nach derselben Vorgehensweise dran.

Auf der Basis der wichtigsten Grundprinzipien lässt sich nun an dem Thema „Gemeinsames Führungsverständnis" arbeiten. Kleine Gruppen werden gebildet, die jeweils ihre zwei bis drei wichtigsten Grundprinzipien herausfinden. Sollten nur zwei Gruppen bestehen, lassen Sie diese präsentieren. Somit haben Sie fünf bis sechs Grundprinzipien, die das Führungsverständnis des Führungsteams repräsentieren.

7.1.3 Karrieremodell

Viele Erfolgsspielregeln werden über Karrieremodelle definiert, welche immer implizit oder explizit existieren. Ein Karrieremodell mit all seinen Finessen und Anwendungsbeispielen darzustellen wäre ein eigenes Buch wert.
Deshalb werden hier nur einige Begriffsklärungen vorgenommen, die die Funktion eines Karrieremodells beschreiben und einige Praxistipps aufzeigen.

Klassisch wird die Linienkarriere mit dem Begriff der Karriere gleichgesetzt. Dies führt häufig dazu, dass gute Fachleute zu Führungskräften gemacht werden, um diese im Unternehmen zu halten.
Dadurch geschieht häufig Folgendes: Die Organisation verliert in der Regel an fachlicher Kapazität und gewinnt dafür eine ggf. unmotivierte, schwache Führungskraft. Um für solche Fälle eine Alternative zu bieten, braucht es nicht nur ein Modell, sondern zusätzlich einen neu definierten Karrierebegriff.

Karriere ist demzufolge als Kompetenzentwicklung zu verstehen, als Wachstum durch Mehrfachqualifikation und zielgerichtete Wissenserweiterung.
Dieser Karrierebegriff ist geprägt vom Bild der Fläche. Karriere heißt: „Fläche gewinnen".

Das passiert, indem ich mein Wissen als Spezialist ausbaue und/oder mich in andere Themenbereiche hineinentwickle. Den Mitarbeitern einer Organisation sollten Perspektiven verdeutlicht werden, die über die Linienkarriere hinausgehen (z. B. durch die Implementierung einer Fach- bzw. Spezialistenlaufbahn und/oder einer Projektkarriere).

Karriere im Sinne einer zukunftsorientierten, marktfähigen Know-how-Entwicklung erfordert, Unternehmensstrategie und Personalentwicklung eng miteinander zu verzahnen. Dabei entsteht ein modifiziertes Verständnis von zentralen Prozessen, die ggf. neu betrachtet werden müssen.

Die Positionen innerhalb des Karrieremodells sollten klar definiert sein, z. B. durch bewährte Rollenbeschreibungen. Die im Kapitel 7.1.2 „Rollen, Führungsrolle und Führungsverständnis" benutzte Beschreibungsstruktur lässt sich ebenso für Fach- oder Projektrollen verwenden.

Vergleichbare und gleichwertige Rollen werden in Perspektivgruppen (Laufbahnstufen) zusammengefasst. So entsteht für die Mitarbeiter die Möglichkeit, ohne Gesichtsverlust zwischen Fach- und Führungslaufbahn zu wechseln – ein zentraler Erfolgsfaktor bei Changeprozessen, der spürbar das Funktionieren der Organisation verbessert.
Diese Perspektivgruppen stellen ein Abbild für Lebenskarriere und Wertigkeiten dar; sie sind die Verankerung für Arbeitsverträge und Vergütungsmodelle.

Die Erarbeitung des Einführungs- und Umsetzungskonzepts für das Karrieremodell erfolgt in folgenden Schritten:
*   Es wird eine Umsetzungsstrategie entwickelt.
*   Diese beinhaltet die Rolloutplanung, das heißt, in welchen zeitlichen Schritten und mit welchen begleitenden Maßnahmen die Einführung erfolgt.
*   Die Umsetzungsstrategie beinhaltet den Anstoß von Folgeprojekten, die zur Umsetzung der Modelle erforderlich sind, wie z. B. die Anpassung der Personalentwicklungsinstrumente.

7.1.4 Projektorganisation etablieren

In einer Projektorganisation sollen nicht wiederkehrende, d. h. einmalige, begrenzte komplexe, oft auch organisationsbereichsübergreifende Aufgabenstellungen bearbeitet werden (Ziele/Aufwand/Termin/Budget).

In Abhängigkeit von der Unternehmensphase und -wertekultur fällt dies entweder schwer oder leicht. Um die inhaltliche und strukturelle Weiterentwicklung einer Organisation zu gewährleisten, halten wir eine funktionierende Koexistenz von Linien- und Projektorganisation für unerlässlich, denn es geht hierbei um ein wichtiges Element der Erneuerungs- und Lebensfähigkeit einer Organisation.

Die Beantwortung folgender Fragen kann Erkenntnisse und Lösungsansätze schaffen:

* Wie ist in unserer Organisation Erfolg definiert?
  Tauchen dabei Projektrollen angemessen auf?
* Was tun wir zur Ausbildung professioneller Projektleiter?
* Wie suchen wir Projektleiter aus?
* Gibt es eine Projektkarriere? Wenn ja, gibt es eine
  Durchgängigkeit zwischen Projekt- und Führungskarriere?
* Wie werden erfolgreiche Projekte bei uns belohnt?
* Was tun wir, wenn ein Projekt misslingt?
* Wie lernen wir aus Fehlern?
  Findet überhaupt ein organisiertes Lernen statt?
* Wer ist der „Gralshüter" der Projektkultur?
* Wie ist das Verhältnis zwischen Linien- und Projektarbeit bezüglich der Aspekte:
  − Priorität,
  − Zeitanteile von Projektmitarbeitern und
  − Verbindlichkeit von Absprachen.
* Wer bestimmt, wenn es hart auf hart geht?

7.1.5 Strategie- und Förderungsgespräch für Führungskräfte

Um eine Führungskultur lebendig und gesund zu erhalten, erweist sich institutionalisiertes Feedback als sehr hilfreich. Ob dies 360-Grad-Feedback sein muss oder kann, überlassen wir Ihrer eigenen Einschätzung. Wichtig ist, dass Feedback überhaupt, geordnet und mit erlebbaren positiven wie negativen Sanktionen stattfindet. Wie auch sonst bei Mitarbeitern gilt das Motto: Fördern und Fordern. Diese Feedbackgespräche bieten gute Gelegenheit, um Ziele, Perspektiven und eventuell einen Übergang zur Fach- oder Projektkarriere zu besprechen. Ein Modell, an dem man sich für den ersten Schritt in der Praxis orientieren kann, ist unten abgebildet.

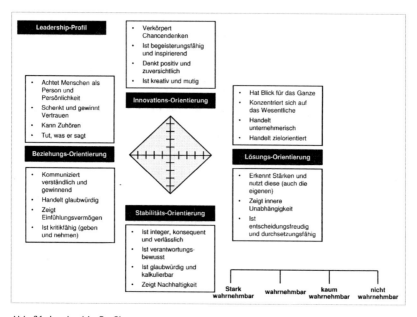

Abb. 21: Leadership-Profil

7.1.6 Mitarbeitergespräch

Im Mitarbeitergespräch können nun viele Modelle, die Erfolg definieren oder ansteuern, zusammenlaufen.
Im Einzelnen sind das:

- allgemeines Feedback zu Arbeitsverhalten und Zusammenarbeit,
- Leistungsbeurteilung,
- Zieldefinition,
- Personalentwicklungsplanung,
- Karriereplanung,
- Gehaltsgespräch sowie
- Feedback an die Führungskraft.

Wenn es in der Formularstruktur einen Grundbogen gibt und der Rest über Einlegeblätter modular aufgebaut ist, können die Komponenten Schritt für Schritt entwickelt und ergänzt werden.

7.1.7 Führen durch Ziele

Zielvereinbarungen sind ein zentrales Instrument, um den einzelnen Mitarbeiter mit seinem spezifischen Potenzial zum Gesamterfolg des Unternehmens beitragen zu lassen. Mit ihrer Hilfe entsteht eine Übersetzung („Transmissionsriemen") von einer Geschäftsfeldstrategie zu Bereichen, Abteilungen, Teams bis hin zum einzelnen Mitarbeiter. Damit werden selbstverständlich viele Rahmenbedingungen und Regeln gesetzt und so bestimmt, was Erfolg ausmacht.

Gerade in Phase zwei und drei (normative Phase/Ende der normativen Phase) kann der Glaube vorherrschen, man müsse eine komplett ableitbare und vollständige Zielhierarchie abbilden.
Diese Meinung teilen wir nicht! Für uns sind Ziele eine Möglichkeit, für strategische und/oder herausgehobene Themen „besondere Aufmerksamkeit" zu organisieren. Drei bis sechs Ziele pro Mitarbeiter sind in diesem Sinne angemessener als 15 oder gar noch mehr. Ein häufiges Missverständnis liegt in dem Versuch, mit Zielvereinbarungen das operative Geschäft (vollständig) zu managen.

Die Dimensionen, welche für die Ziele vereinbart werden (beispielsweise quantitative und qualitative Ziele, Einzelziele, Teamziele, Abteilungsziele, Bereichsziele, Konzernzusammenarbeit, Zielerreichung mit Entlohnung verknüpft oder nicht usw.) sind im Sinne der gewünschten strategischen Ziele und gewünschter Unternehmenskultur auf Kongruenz zu prüfen.
Hierüber kann z. B. Teamzusammenarbeit, übergreifende Zusammenarbeit, maximaler kurzfristiger Profit oder Langlebigkeit angesteuert werden – oder eben auch nicht!

Ein Beispiel, das aus unserer Sicht den Geist angemessener Zielvereinbarungskultur beschreibt und diese bis in die integrative Phase trägt, ist nachfolgend aufgeführt. Es handelt sich dabei um ein neutralisiertes Dokument aus einem Projekt zu diesem Thema.

Allgemeine Vorbereitung für das Zielvereinbarungsgespräch	Individuelle Gesprächsvorbereitung	Gesprächsführung (die wichtigsten Regeln)
Im Vorfeld klären: • Gemeinsam einen Termin vereinbaren • Rechtzeitige schriftliche Einladung zum Gespräch (z. B. Einladung per Outlook / Notes) • Zeitrahmen festlegen, Störungen vermeiden • Geeigneten Gesprächsort festlegen • Im Vorfeld klären, wer welche Unterlagen beisteuert, welche Unterlagen ggf. noch besorgt werden müssen • Die Ziele der übergeordneten Organisationseinheiten an den Mitarbeiter weiterleiten • Vor dem vereinbarten Gesprächstermin müssen beide Partner Ziel, Inhalt und wesentliche Voraussetzungen des Zielvereinbarungsgespräches kennen	**Inhaltlich muss also klar sein:** • die zu erreichenden Ziele und ihre Begründungen • die denkbaren Handlungsspielräume • die Zeitvorstellungen • die Überprüfungs- oder Rückkoppelungschecks und • durch wen und wie Hilfestellung oder Unterstützung zu leisten ist. • Individuell auf jeweiligen Mitarbeiter / auf die Führungskraft einstellen • Positive Grundhaltung gegenüber dem Gesprächspartner • Ziele und Inhalt des Gesprächs gedanklich vorwegnehmen • Für zu erwartende schwierige Gesprächssituationen: • Mögliche Fragen / Interventionen / Einwände des Mitarbeiters und • Mögliche zu erwartende Widerstände des Mitarbeiters im Voraus überlegen • Eigene Unterlagen für Argumentationszwecke bereithalten	• Positiver Einstieg • Zeitrahmen für das Gespräch überprüfen, entspannte Gesprächsatmosphäre schaffen • Zusammenfassung der Unternehmensziele • Wertschätzung über bisherige Leistung, Zielerreichung • Vorteile der Zielvereinbarungen für den Mitarbeiter herausstellen • Ziele geben Führungskraft und Mitarbeiter vor / handeln sie aus • Ausreichend die Standpunkte und Möglichkeiten erörtern • Offene Fragen stellen, aktiv zuhören, ergebnisorientiert diskutieren • Übereinstimmungen protokollieren / Gesamtergebnis schriftlich feststellen • Ist keine Übereinstimmung möglich, darf es nicht zu einer Zielvereinbarung kommen. • Überlegen, ob durch die Argumentation und Begründung das Ergebnis erreichbar ist oder neu zu überdenken bzw. zu korrigieren ist. Soweit keine Vereinbarungen im wirklichen Sinne möglich sind, muss das Führungsinstrument der Zielvereinbarung aufgegeben und nach alternativen Möglichkeiten gesucht werden

Abb. 22: Zielvereinbarungsgespräch – Vorgehen und Inhalte 1

Zielerreichung
• Grundsätzlich sollen nie mehr als 3 - 5 Ziele vereinbart werden, damit die Übersicht und auch die Realisierungsfähigkeit erhalten bleibt.
• Wie verläuft der Zielsetzungsprozess? Wie kommen wir von Unternehmenszielen zu Bereichs- /Abteilungszielen und dann zu Mitarbeiterzielen?
• Was bedeuten die globalen Ziele für den Mitarbeiter?
• Welchen Beitrag wird von den Mitarbeitern gefordert, damit die Unternehmensziele erreicht werden können?
• Was für spezifische Ziele ergeben sich daraus?
• D.h. jeder Mitarbeiter, mit dem Ziele vereinbart werden, muss zunächst die Ziele seines Vorgesetzten kennen, um die eigenen Prioritäten entsprechend setzen zu können.
• Wichtig ist, dass die strategische Ausrichtung von allen Mitarbeitern verstanden und unterstützt wird.
• Gemeinsam erarbeitete Ergebnisziele werden schriftlich formuliert, gegengezeichnet und zu vereinbarten Meilensteinen auf Vorlage gelegt.
• Die Führungskraft muss die Gesamtentwicklung im Auge behalten und Ihrer Mitverantwortung für die Erfüllung der Zielvereinbarung gerecht werden.

Überprüfung (Zwischen-Steps)
• Die vereinbarten Termine werden gemeinsam wahrgenommen, der Grad der Erreichung durch den Mitarbeiter referiert und Abweichungen und evtl. Korrekturen besprochen, ggf. sogar wieder vereinbart
• Ergebnisdokumentation

Zielerreichung (nach einem Jahr)
• Es wird festgestellt, ob und wie das Ziel anhand der vereinbarten Messgrößen erreicht wurde.
• Bei der Anwendung im Beurteilungsverfahren müssen Abweichungen z. B. sofort wieder zu neuen Zielvereinbarungen führen, sofern das Ziel noch erstrebenswert ist
• Ergebnisdokumentation

Nachbereitung
• Wie, wo, von wem werden die Dokumente archiviert
• An wen werden welche Informationen weitergeleitet (bottom-up zusammenfassen)

Abb. 23: Zielvereinbarungsgespräch – Vorgehen und Inhalte 2

7.1.8 Innovation / Wissensaufbau / Wissensweitergabe

Eine Organisation, die den systematischen Aufbau, Dokumentation und Weitergabe von Wissen nicht gut gelöst hat, lernt nicht und hat damit vermutlich Schwierigkeiten mit dem Innovationsprozess. Sie trocknet auf Dauer aus bzw. braucht extrem großen Input und viele Anstöße von außen – meist über teure Berater.

Im Folgenden einige Denkanstöße, mit welchen Formen Innovation, Wissensaufbau und Wissensweitergabe stattfinden kann.

Themenabend
Eine etwa zwei- bis dreistündige Veranstaltung, die zu einer Randzeit oder „after work" stattfinden kann. Idee ist, Themen mit team- oder abteilungsübergreifendem Interesse einer größeren Gruppe nahezubringen. Die Teilnahme ist freiwillig. Der Veranstaltungsrhythmus sollte je nach Anzahl der spannenden Themen alle ein bis drei Monate sein. Nach einem Impulsvortrag, der gut vorbereitet sein will, soll Zeit für Diskussion und Gespräche bleiben.

Mit einem kleinen Imbiss und ein paar Getränken wird daraus im Abschluss ein zwangloses Miteinander, das die informellen Netzwerke bildet und stärkt.

Wissensmultiplikationen
Diese Veranstaltung dient dem Wissensaufbau einer exakt definierten Personengruppe. Die Teilnahme erfolgt mittels Einladung. Achten Sie darauf, dass nur Personen dabei sind, die mit dem Wissen aus dem Vortrag in den nächsten Wochen tatsächlich etwas anfangen können.

Wissen auf Vorrat schadet zwar nicht der Person, senkt jedoch den individuellen Nutzen, worunter das Image der Maßnahme leidet.

Mit Wissensmultiplikationen wird neues Wissen in die Breite gebracht, zudem werden Kopfmonopole aufgelöst. Die Veranstaltung ist so zu konzipieren, dass die Teilnehmer nicht nur zuhören, sondern sehr viel selbst machen, diskutieren und ausprobieren. Somit findet sogleich ein Praxistransfer statt.

Dieses Verfahren benötigt Zeit, nach unserer Erfahrung sollten Sie einen halben Tag als Minimum einplanen.

Wissensdatenbank und Themen-/Produktverantwortung
Wissen elektronisch verfügbar zu machen ist ein Zeichen von professionellem Informationsmanagement. Wissensmanagement auf Tools und Datenbanken zu reduzieren ist jedoch kurzsichtig und führt in der Regel auf Dauer zu Wirkungs-

losigkeit. Wenn Sie nicht langfristig einen unüberschaubaren Wust von Daten haben wollen, brauchen Sie personifizierte Verantwortung für Themen und Inhalte. In der Praxis hat es sich bewährt, eine Rolle Themen-/Produktverantwortung zu definieren und zu besetzen. Wenn diese in die Fachkarriere aufgenommen ist, haben Sie somit Wissensweitergabe in Ihren Erfolgsbegriff integriert. Die Verantwortung dieser Rolle ist im Wesentlichen:

*   Weiterentwicklung des Themas mit Blick auf den Markt,
*   Aufbau einer Community für das Thema über Wissensmultiplikationen sowie
*   Aktualität und Struktur der Inhalte in der Wissensdatenbank zu verantworten.

Verbindung mit dem Strategieprozess
Ein kurzer Merksatz zum Abschluss: Wenn Sie eine Rolle Themen/Produktverantwortung haben, sind Sie gut beraten, diese in einen Strategieprozess zu integrieren. Vorausgesetzt, die richtigen Personen wurden ausgewählt, sitzen hier eine Menge Wissen und Gestaltungswillen.

7.2 Leben und Agieren in den jeweiligen Lebensphasen

Lebensphasen von Menschen und Unternehmen – ein systemischer Zusammenhang.

Hier geht es darum, die Lebensphasen der Menschen und Unternehmen miteinander in Beziehung zu setzen. Die Frage ist: Sind Lebensphasen autonome Abläufe? Oder entwickeln sie sich im Zusammenwirken mit anderen Faktoren (z. B. dem Umfeld), also in systemischen Zusammenhängen?
Wir vertreten die zweite Position und stellen deshalb im Folgenden dar, wie die Lebensphasen der Mitarbeiter von den Rahmenbedingungen im Unternehmen und der Gesellschaft abhängen und welche dieser Faktoren für ihre Entwicklung förderlich sind.

„Unternehmerisches Blühen und Gedeihen entspringt nicht aus wirschaftlichem Wachstum, sondern aus menschlichem Wachstum. Die einzige Aufgabe der Unternehmen ist es, den Menschen Möglichkeiten zur persönlichen Entwicklung zu verschaffen."
(Der Mensch – die neue Quelle der Wertschöpfung.
Jürgen Fuchs, „Das biokybernetische Modell")

„Eine lange Überlebensfähigkeit eines Unternehmens hängt von seiner Flexibilität ab und damit davon, wieweit es Raum und Unterstützung für möglichst viele, auch unterschiedlichste Potenziale gibt."
(Arie de Geus, „Jenseits der Ökonomie", passim)

Mit vollständig entwickelten Potenzialen ihrer Mitarbeiter sind Unternehmen flexibel, leistungsstark und für ein langes Leben gerüstet. Gut ist, wenn Unternehmen einerseits erkennen, dass sie bestimmte Potenziale brauchen (aber viele andere „vorrätig" haben müssen). Andererseits sollte sichtbar sein, dass alle Potenziale „gleich viel wert sind" und gebraucht werden, sodass die Mitarbeiter auch im Unternehmensinteresse ihre Möglichkeiten optimal entfalten können.

Exkurs:
Lebensphasen – autonome Entwicklung oder systemischer Prozess?

Lebensphasen werden von vielen Autoren als Entwicklungs- oder Entfaltungsstadien gesehen, die allein von innen her bestimmt autonom ablaufen. In diesem Zusammenhang werden Vergleiche mit der Natur gezogen, z. B. Frühling, Sommer, Herbst und Winter - oder die Knospe, die Blüte, die Frucht, das Abfallen der Frucht, die dann als Samen neues Leben gibt. Diese Sichtweise ist uralt. Wenn sie einerseits aus dem Beobachten des Lebens gewonnen wurde, so prägte sie andererseits unsere Annahme von der Wirklichkeit. Wenn der Mensch in seiner Entwicklung in einem bestimmten Alter mit diesem Bild verglichen wird, beeinflusst das auch den Menschen in der Entwicklung – das ist unvermeidbar. Jahrhundertelang, bis zur Aufklärung (Rousseau, Pestalozzi) wurden z. B. Kinder als kleine Erwachsene angesehen, die früh arbeiten oder ernsthaft, d. h. nach der Nürnberger-Trichter-Methode, lernen mussten. Sie sollten sich wie Erwachsene benehmen und wurden auch entsprechend gekleidet.

Das hatte Konsequenzen auf die Entwicklung der Kinder. Wenn in den letzten 30 Jahren Kinder als völlig eigene Wesen verstanden werden, denen tendenziell ganz andere Räume zur Entfaltung bereitstehen, so hat dies wiederum komplett andere Folgen. Und diese Kinder werden später eine andere Sichtweise von Kindheit und Entwicklung haben als ihre Eltern, was sich wiederum auf die Entwicklung ihrer eigenen Kinder und Enkel auswirkt. Demzufolge wird die Annahme, die Entwicklung der Lebensphasen sei ein autonomer, von äußeren Bedingungen unabhängiger Prozess, selbst zu einem wichtigen Faktor, der die Entwicklung mitbestimmt.

Der Zusammenhang zwischen den Lebensphasen des Menschen und dem dazugehörigen gesellschaftlichen Kontext ist also als System zu sehen und nicht als entweder – oder.

„Nur die Umwelt formt den Menschen" oder „Der Mensch folgt inneren, von außen kaum beeinflussbaren Entwicklungsgesetzen" sind zwei Sätze, die so keine Gültigkeit besitzen.

In der Tradition Goethes vertraten Rudolf Steiner, Bernard Lievegoed und Romano Guardini eher das Bild von einem inneren, von außen nur wenig beeinflussbaren Prozess, der von den Anthroposophen sogar in ein festes Schema (Siebenjahresrhythmus) gefasst wurde.

Zugrunde liegt die humanistische Auffassung, dass menschliche Entwicklung ein natürlicher (Goethe) bzw. geistig-göttlich bestimmter (Steiner, Lievegoed, Guardini) Bildungsprozess sei. Als Pädagogen sehen alle drei, dass die Umwelt auf diesen Prozess Einfluss nehmen kann, doch der systemische Zusammenhang wird nicht klar dargestellt.

Im Unternehmensbereich wird dagegen oft bewusst oder unbewusst eine unglücklich doppelte Theorie vertreten: Einerseits wird die Entwicklung der Mitarbeiter bewusst gezielt beeinflusst, um diese an die jeweiligen Anforderungen des Unternehmens anzupassen. Junge Mitarbeiter werden häufig einseitig mit Aufstiegsmöglichkeiten motiviert, ältere Mitarbeiter zu häufig ausschließlich unter Druck gesetzt. Das unwirtschaftliche Resultat ist, dass die Jungen sich erst übermäßig anpassen und dann ausbrennen und die Älteren zu den Verhaltensweisen Festhalten, Versteinern und Verkrusten neigen.

Andererseits sieht man es als einseitiges Versagen der Mitarbeiter, als biologisches Geschehen oder als von Außenbedingungen unabhängige Erkrankung, wenn sie mit 40 im Burn-out und mit 50 in einer Versteinerung zum Störfaktor werden oder in einer Depression enden.

Eine weitere zentrale Frage zum Lebensphasenmodell ist:
- Wird die Entwicklung als Wachstum, als eindeutiges Besserwerden, als Abbau und Verfall
- oder als ein Wechsel gleichwertiger Seinsformen angesehen, als Wandel?

Wir vertreten den zweiten Standpunkt.

» Man geht nicht nur, um anzukommen, sondern um im Gehen zu leben. «
Johann Wolfgang von Goethe

» Das Kind ist nicht nur dafür da, dass es erwachsen werde, sondern auch, nein zuerst, dass es es selbst, nämlich ein Kind und als Kind, Mensch sei. «
Romano Guardini, „Lebensalter"

Und genau das könnte für jedes andere Lebensalter ebenso gelten.

Weitere Fragen sind: Wie stellt sich eine den Wechsel der Phasen übergreifende Identität dar?
Wo der Mensch als Ganzes betrachtet wird, der von der Kindheit bis ins Alter seine individuelle Besonderheit hat, an der andere und er selbst sich wiedererkennen? Dies sind große Themen für sich.

In der Arbeitswelt wurden Lebensphasen klar bewertet. Im 19. Jahrhundert und bis in die 60er-Jahre des 20. Jahrhunderts galt nur die Erfahrung des Älteren. Lange Betriebszugehörigkeit war das maßgebliche Kriterium, um Karriere zu machen und mithilfe langjähriger Macht- und Intrigenspiele erkämpft. Wer älter war, verdiente in der Regel mehr Geld – und wer mehr verdiente, hatte Recht. Dann kam der Jugendkult: Jung sein war alles! Die Älteren wurden möglichst innerhalb der Organisation abgeschoben oder in den Vorruhestand geschickt. Dieser Trend kehrt sich gerade um.

Das gab es schon einmal. Aus Funden mehrerer Hunderttausend Jahre alter Knochen schließt man, dass die Stämme oft die ohnehin sehr raren älteren Mitglieder unterstützten, selbst wenn diese körperlich bereits gebrechlich oder behindert waren. Die Alten des Stammes waren eine Schatzkammer des Wissens über Naturzusammenhänge, Lebenszyklen der Tiere und Pflanzen und Krankheiten. Als noch keine schriftliche Überlieferungen existierten, ging mit jedem Tod eines alten Menschen eine Bibliothek verloren.

Die Alten repräsentierten das über lange Zeiträume gewachsene Wissen bezüglich der Regeln guten menschlichen und sozialen Zusammenseins. Sie konnten mit einem gewissen Abstand auf die unterschiedlichen Beziehungen und Verhaltensweisen der Stammesmitglieder schauen, da vieles für sie nicht mehr neu war. Sie konnten beraten – und ihr Rat galt etwas.

Heute sind ältere und alte Menschen keine Rarität mehr. Ihr Anteil an der Bevölkerung steigt dramatisch und droht in den nächsten Jahren und Jahrzehnten zu einer enormen volkswirtschaftlichen Belastung zu werden. Informationen liegen konserviert in schriftlicher oder elektronischer Form vor und sind Jungen eher leichter zugänglich als Älteren. Aus verstandener, erlebter Erfahrung gewonnene Einsicht und Wissen gilt dagegen oft eher als hinderlich, da es an Vergangenes bindet („das ist schon immer so gewesen") und dem nach vorne weisenden Kreativem im Wege steht.

Es zeigt sich inzwischen, dass z. B. zur Menschenführung auch Reife und Erfahrung gehören. Junge Führungskräfte in kniffligen Situationen scheitern öfter als ältere, sodass inzwischen manche altersbedingt bereits Abgeschobene wieder in den Arbeitsprozess zurückgeholt werden. Trotzdem stellt die heutige Entwicklung auch an die Älteren hohe Anforderungen. Bis in die 60er-Jahre war die Arbeitswelt stark von Macht und Besitz, also von normativer Ordnung und von Regeln bestimmt. Macht und Erfahrung gaben den Älteren Vorteile. Heute sind zukunftsweisende Entscheidungen und Handlungen oft auf eine integrative Haltung (vgl. das Kapitel 6.2 „Graves-Modell") und intuitive Kreativität angewiesen (vgl. das Kapitel 8.1 „Innere Haltungen").

Der in der Arbeitswelt produktive reife und ältere Mensch muss also sein Potenzial zur Integration freilegen oder ausbauen. Damit ist seine Fähigkeit gemeint, die Kompetenzen und Möglichkeiten der anderen Menschen und aller Lebensphasen wertzuschätzen und zu unterstützen. Er muss die verschiedenen Kräfte, Potenziale und Faktoren, z. B. Macht, Regeln und Ordnung, Informationskenntnis, Leistung und Integration, anerkennen und gewichten können.

Der ältere Mensch kann nicht einfach auf seine Erfahrung des Vergangenen pochen, denn kreativ entscheiden heißt, sich vom Vergangenen freimachen zu können. Dabei kann der Ältere seine durch die Reife gewachsene Fähigkeit nutzen, seine eigene Leistung, sein Wissen und „Machen-Können" nicht mehr so wichtig zu nehmen und es nicht mehr zu verabsolutieren.

Er kann sich öffnen für die Wahrnehmung des „Noch-nicht-Gewussten", der Bewegung und Bewegungsgesetze des Lebens, der Wirklichkeit – die so viel größer und einflussreicher ist als sein persönliches Wissen und Tun (siehe auch dazu das Kapitel 8.2 „Innere Haltungen").

Das wäre heute zukunftweisend und wünschenswert. Es gibt allerdings Beispiele dafür, dass Unternehmen, ja ganze Gesellschaften und Staaten ohne Einsicht in tiefere Zusammenhänge einfach mit Macht beherrscht werden können. In vielen Staaten auf dem afrikanischen Kontinent, aber auch in anderen Regionen können wir problemlos Beispiele dafür finden.

7.2.1 Risiken und Chancen für die Phase Jugend
Schlussfolgerungen / Anregungen

Junge Menschen sind in der Regel flexibel, formbar und besitzen ein großes Bedürfnis nach Anpassung und Zugehörigkeit. Dies gibt dem Arbeitsumfeld große Möglichkeiten, sie zu beeinflussen. Somit haben Unternehmen die Chance, junge Menschen zu fördern und ihre jeweils sehr verschiedenen Potenziale zu entwickeln und so auszubalancieren, dass es für alle Beteiligten förderlich ist. Das Risiko ist dabei nur, zu einseitig zu fordern und zu fördern.

Über gesellschaftliche geprägte Rollenbilder realisieren junge Männer in der Regel einen größeren Hang zur eigenwilligen Leistungsorientierung; junge Frauen dagegen besitzen einen größeren sozialen Sinn. Ein Unternehmen kann den Fehler machen, einseitig die individuelle Leistung zu betonen und damit die vorhandenen sozialen Kompetenzen bei Männern nicht zu nutzen. Frauen haben es in einem solchen Unternehmen bekanntlich schwer.

Ein Unternehmen in der rigiden Phase wird die eigenwillige Kreativität und Abenteuerlust seiner Mitarbeiter eher unterdrücken. Stattdessen wird deren Anpassungsbereitschaft zugunsten einer Regeln und Normen beachtenden Haltung gefördert. Auf diese Weise wird die rigide Phase des Unternehmens verstärkt. Sofern sie nicht abwandern, bewegen sich die jungen Mitarbeiter selbst schneller in ihre eigene rigide Phase, sodass eine an Regeln, Normen und Hierarchien orientierte Unternehmenskultur ihr Potenzial an Kreativität und Querdenkertum gänzlich verlieren kann. Gerät ein solches Unternehmen in eine Krise, wird es sich an externe Berater wenden, deren Vorschläge dem Weltbild des Unternehmens entsprechen – also noch mehr „desselben": noch mehr Regeln, Normen, Hierarchien und vordefinierte Leistungen.

Anderes Beispiel: Ein Unternehmen in der Pionierphase zieht „pionierhafte" junge Menschen an und fördert sie. Als Folge explodiert die Firma in einem rasanten Wachstum oder überdreht sogar. Es kann von Vorteil sein, unter den Mitarbeitern Polaritäten zu fördern oder einseitige Qualitäten zu unterstützen – je nachdem,

* ob sich das Unternehmen in einer besonderen aktuellen Marktsituation befindet,
* ob es die Chancen einer markanten Phase (wie Pionier- oder rigide Phase) ausschöpft,

- ob es alles auf eine Karte setzt, oder
- ob es sich auf eine flexible, vielgestaltete Phase (Integrationsphase) zubewegen will,

um sich ein längerfristiges Überleben zu sichern.

Entsprechend können Unternehmen ihre Mitarbeiter auch in einer bestimmten Phase von deren Entwicklung zu fixieren versuchen (z. B. als ewige Pioniere), oder die Potenziale verschiedener Lebensphasen zulassen und fördern.

Manche Entwicklungen führen in Sackgassen. So erleben z. B. viele junge, rasch aufgestiegene Mitarbeiter und Führungskräfte bereits mit 35 bis 40 Jahren einen Burn-out. Sie sind innerlich erschöpft und haben keinen Kontakt mehr zum weiteren Sinn ihrer Arbeit und ihres Lebens. Kühl spricht man dann von „Motivationsverlust". Gerade die besonders begabten, leistungswilligen, weil stark durch externe Faktoren wie Anerkennung, Geld, Aufstieg motivierten Menschen sind davon betroffen. Mit totalem Einsatz und massenhaften Überstunden wurde komplett für die Arbeit gelebt. Wenig Zeit und Kraft blieb, ein Privatleben sowie ein soziales Umfeld aufzubauen, das durch die Stürme des Lebens trägt, sie psychisch nährt und in dem sich soziale Kompetenz entwickeln kann.

Für den Aufbau weitläufiger, den allgemeinen Horizont erweiternder Interessen, gar für Lebensfreude und Lebensgenuss als innerliche Kraftspender wurde im Zeitbudget kein Posten vorgesehen. So gab es keinen Raum, in dem Autonomie gegenüber äußerer Anerkennung und Aufstiegsattributen wachsen konnte. Eine „intrinsic motivation", ein Streben nach einem sinnerfüllten Tun ist nicht gereift. Das schlimme Erwachen kommt, wenn es mit der Karriere nicht weitergeht, einfach weil es für sie kein Weiter gibt. Der mögliche Gipfel ist bereits erklommen.
Der bisherige externe Anreiz für ihre Einsatzbereitschaft, gleichzeitig auch die Nahrung ihrer Identität, fällt weg. Was diese jungen Dynamiker eine Zeit lang so nützlich und effektiv sein ließ, lähmt sie nun. Verwirrung, Hilflosigkeit und Ratlosigkeit stehen jetzt im Vordergrund.

In Seminaren zur Persönlichkeitsentwicklung fallen sie als zunächst besonders rationale, nur an kognitiven Informationen interessierte Teilnehmer auf. Als Reaktion auf das kleinste Angebot an menschlicher Zuwendung werden sie plötzlich weich und bedürftig, fast schon wie seelisch unterernährte Kinder.

Überlastung von Keyplayern

Über Jahre hinweg hat sich eine Dienstleistungsorganisation immer wieder in Krisen durch die Verstärkung der Handlungslogiken Ordnung und Gemeinschaft geholfen, obwohl eigentlich große Schritte hin zu einer Leistungskultur erforderlich gewesen wären. Das bedeutete immer feinere und immer mehr Regeln und viel Kontrolle. Es wurden kaum Unterschiede zwischen Leistungsträgern und Schwachleistern gemacht, Entscheidungen und Konfliktklärungen wurden vermieden. Das Resultat: Auf wenige Leistungsstarke kamen mehr und mehr Aufgaben zu. Zuletzt wurden alle wichtigen Projekte an die fähigen Linienkräfte delegiert. Doch wenn zu viele Wagen angehängt werden, steht irgendwann selbst die stärkste Lok still.

Wir finden es nicht zielführend, allgemein festzulegen, was genau „Junge" besonders gut und was sie schlecht können bzw. was gefördert und was unterdrückt werden soll. Durch solche Rezepte werden die Unterschiede zwischen den Lebensphasen nur besonders zementiert. Alles Neue machen die Jungen und das Bewährte wird von den Alten am Laufen gehalten. Ohne konkrete Tätigkeiten vorzudefinieren sind unseres Erachtens jene flankierenden Maßnahmen hilfreich, die das Besondere dieser Lebensphase entfalten und deren Hauptrisiken minimieren. Beratung von jungen Mitarbeitern wird oft als Bevormundung erlebt. Wie Unternehmen in der Pionierphase wollen auch sie selber Fehler machen können. Junge Menschen möchten lernen, aber nicht belehrt werden.

Unterstützung in der Jugendphase:

- Spielräume schaffen, um sich ausprobieren zu können, z. B. Zeit, um eine Idee in ein Konzept bzw. in die Tat umzusetzen, ganz im Sinne von: es selbst machen dürfen.
- Einen Paten benennen als Ansprechpartner, einen Coach (Mentor) für Einzeleinsätze anbieten.
- Teamarbeit mit Mitarbeitern in anderen Lebensphasen aktiv ansteuern.
- Vernetzung Gleichaltriger ermöglichen (Juniorkonferenz oder regionale Peergroups).
- Zu Ideen und Anregungen ermuntern (die Frische und Unbefangenheit nutzend).
- Um die Gefahr eines Burn-out zu vermindern, z. B. mehr Teamziele als Einzelziele setzen. Kopplung von Gehalt und Leistung nicht als einzige Stimulanz nutzen, d. h., Wissensaufbau, Wissensweitergabe ebenfalls besonders belohnen.

- Besonders darauf achten, dass nicht zu viele Überstunden anfallen.
- Ggf. darauf achten, dass neben der Arbeit auch noch andere Lebensbereiche Raum haben und sichtbar sind.

7.2.2 Risiken und Chancen für die Phase Konsolidierung
Schlussfolgerungen / Anregungen

Wichtige Themen in dieser Lebensphase sind Stressbewältigung, Gesundheit und Erholung, körperlicher Ausgleich sowie Seminare für Persönlichkeitsentwicklung als Raum für die eigene Entwicklung.

Menschen in dieser Phase brauchen Unterstützung und Anerkennung für den Balanceakt von Privatleben und Arbeit. Es sollte sich die Erkenntnis einstellen, dass ein gut gelebtes Privatleben eine Bereicherung für den Beruf ist, nicht nur als Erholung, sondern auch als Lernfeld im allerweitesten Sinne: Dieses bildet den Raum, in dem der Mensch seine Menschlichkeit entwickelt und sein ganzes Potenzial entfaltet.

Traditionelle Unternehmen fördern unbestreitbar den Konflikt zwischen Arbeit und Familie. Manchmal geschieht dies bewusst z. B. durch die einfache Drohung: „Wenn Sie hier vorankommen wollen, müssen Sie bereit sein, Opfer zu bringen!" Häufig passiert es jedoch ungewollt, indem der Einzelne einfach einer großen Menge Anforderungen und Belastungen ausgesetzt wird, die unweigerlich in Konflikt mit seiner Familie und seiner privaten Zeit stehen.

„Es ist nicht ohne Ironie", sagte Bill O'Brien, „dass wir so viel Geld und Zeit ausgeben, um uns schlaue Programme für die Führungsförderung auszudenken und dabei eine bereits bestehende Struktur ignorieren, die für diese Aufgabe ideal geeignet ist. Je besser ich verstehe, welche Führungsfähigkeiten in einem Unternehmen tatsächlich wichtig sind, desto mehr bin ich davon überzeugt, dass dies Fähigkeiten sind, die erfolgreiche Eltern auszeichnen.
Führen in einem lernenden Unternehmen bedeutet, dass man Menschen bei der Klärung und dem Verfolgen ihrer eigenen Visionen unterstützt, dass man ihnen ‚gütlich zuredet', ihnen hilft, tiefer liegende Gründe von Problemen zu entdecken und sie befähigt, Entscheidungen zu treffen.
Gibt es eine bessere Beschreibung für eine erfolgreiche Elternschaft?"
(Senge, „Die fünfte Disziplin", S. 371 ff.)

Was in dieser mittleren Lebensphase bei diesem Balanceakt zwischen Familie und Beruf oft gänzlich zurücktritt: Es bleibt kaum Raum für einen selbst. Man kann die Lebensbereiche in einem Dreieck darstellen.

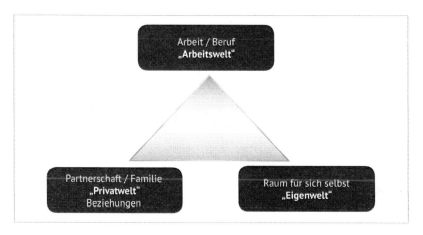

Abb. 24: Die drei Lebenswelten
(Quelle: Fachstelle Männerarbeit Evangelisch-reformierte Landeskirche des Kanton Zürich; Modell 2000)

Auf Seminaren mit Führungskräften und Beratern stellen die Teilnehmer immer wieder fest, dass sie der Balance zwischen Privatleben, Beruf und Eigenzeit nur wenig Platz einräumen. Mit großem Schrecken wird ihnen oft während der Seminare erst bewusst, dass sie die „Eigenwelt" als einen Spielraum für ihr ureigenes Selbst nicht einmal als Vorstellung kannten.

In dieser Phase brauchen Menschen Zeit für den Kontakt zu sich selbst, zu ihren Gefühlen, Bedürfnissen, ihrem Körper:
- Wie fühle ich mich wohl?
- Was brauche ich, was will ich wirklich?
- Wer bin ich – neben all diesen Aufgaben, die ich erfülle?

Spielräume werden gebraucht, in denen sie einmal etwas für sich tun können, sich spüren, sich überhaupt wiederfinden, vielleicht sogar einfach den Augenblick genießen. In solchen geschützten Räumen organisieren die Menschen sich von selbst wieder neu – gewissermaßen so, wie wir uns im Schlaf von selbst wieder aufladen und erholen.

» Der Mensch wird krank, wenn er keine Spielräume mehr hat. « Medard Boss

Als einzigem Anteil der „Eigenwelt" wird der körperlichen Fitness noch relativ häufig Tribut gezollt. Hierfür wird dann aber oft angestrengt „gearbeitet".

„Ein gutes, nicht fachgebundenes Buch lesen, Musik hören, malen oder Bilder anschauen, die Natur genießen: Völlig unvorstellbar, dass es nicht nur wohltuend, sondern sehr produktiv sein könnte, einfach mal nichts zu tun. Den ganzen Tag kein Wort sagen, keine Zeitung lesen, nicht Radio hören, kein Geschwätz anhören, sich ganz der Faulheit überlassen, absolut (und) ganz und gar am Schicksal der Welt desinteressiert sein, das ist die schönste Medizin, die man sich verordnen kann." *(Henry Miller, zit. In „Paroles de paresse" (a.a.Ort)*

Genau dieses leisten diejenigen sich oftmals am wenigsten, die es am meisten brauchen – die Menschen in der Konsolidierungsphase. Der Druck zu Hause, bei der Arbeit und in der Familienwelt ist so groß, dass sie glauben, sich eine „Auszeit" nicht leisten zu können – also eine Zeit, in der nichts Besonderes geschieht oder gelernt wird und keine Probleme gelöst werden.

Es sind jene Menschen, die sich während der Seminare zur Persönlichkeitsentwicklung – die einen Raum für die „Eigenwelt" anbieten – an Telefon, Handy und Laptop gebunden fühlen wie an eine Hundeleine, die ständig Kontakt halten und in jeder kleinen Pause die Arbeit im Büro und zu Hause organisieren. Wenn solchen Teilnehmern gegen Seminarende gelingt, dieses Getrieben-Sein etwas loszulassen, ist dies bereits ein großer Gewinn. Dann können sie spüren, wie gut es tut, sich zu erholen, zu sich zu kommen, sich selbst wiederzufinden. Manchmal ist das Nichtstun die vielleicht produktivste Art des Tuns.

„Manchmal ist die beste Art, aus Verantwortung für das Ganze zu handeln, nichts zu tun, als dazusitzen und zu warten, bis ich weiß, was ich als Nächstes tun werde. Heutzutage würden Manager, die diese Haltung annehmen, als Nicht-Manager gesehen, weil sie nichts tun, um Probleme zu lösen.

Oft sehen wir, dass Leute in Organisationen den Eindruck erwecken, sie könnten eine Veränderung herbeiführen, nur um ihre bedeutungslose Aktivität zu rechtfertigen. Einerseits glauben sie, sie können gar nichts ausrichten, andererseits bauen sie eine Geschichte auf, die ausdrücken soll: Ich kann es machen.

Wenn dagegen diese neue Art, Verpflichtung zu leben, beginnt, ist ein Fluss um uns herum, die Dinge scheinen einfach zu passieren. Übrigens ist dies die alte Bedeutung von Dialog: dia logos = Fluss von Bedeutung."

(Peter Senge, „Die fünfte Disziplin" S. 428)

„Während mancher faulen Tage habe ich über die verlorene Zeit geweint. Und dabei, o mein Gott, ist sie doch niemals verloren. Du hast jeden kleinen Augenblick meines Lebens in die Hand genommen. Verborgen im Herzen der Dinge nährst du jedes Saatkorn bis zum Keimen, die Knospe bis zur Entfaltung und die Blüte bis zur vollen Frucht.

Ich lag da, auf meinem Faulbett und stellte mir vor, dass alle Arbeit aufgehört hätte. Ich erwachte am Morgen, und ich fand meinen Garten voller Blumen und Wunder." (*Rabindranath Tagore, zit. In Paroles de paresse, S. 18*)

Bei vielen Seminarteilnehmern stellt sich dies jedoch oftmals ganz anders, geradezu umgekehrt, dar: Die Phasen zwischen Telefon, Handy, Laptop, zwischen kognitiven Problemlösungsbemühungen, Quasiarbeitsgesprächen mit Kollegen in den Kaffeepausen des Seminars werden oft als bedrohliche Leerräume erlebt. Wenn all diese angestrengten, knapp getimten, oft hektischen Aktivitäten ruhen oder zu ruhen drohen, begegnen wir der inneren Unruhe, einem pausenlosen inneren Betrieb. Dahinter lauert oft eine große Leere.

Freiräume, Retreats und Seminare, bei denen die Teilnehmer zu einem „achtsamen Sich-selbst-Begegnen" und „Sich-Wiederfinden" angeleitet werden, können sehr hilfreich sein. Hier kann die Erfahrung vermittelt werden, wie die Leere von einer Bedrohung zu einem Raum der Ruhe und Kreativität wird – und damit den Zwang zu Unruhe und Betriebsamkeit aufhebt.

Ein ebenfalls wichtiges Thema in dieser Phase ist das Bedürfnis nach Sicherheit. Dabei sind verschiedene Aspekte zu unterscheiden.

Zuerst findet sich das Bedürfnis nach Sicherheit des oder überhaupt eines Arbeitsplatzes, sich an diesem selbst souverän und stabil zu fühlen (Beherrschung der Inhalte, Abläufe und Kommunikationsbeziehungen).

Zusätzlich zeigt sich der Wunsch nach klaren Strukturen und verlässlichen Regeln. Menschen in der Konsolidierungsphase, die sich in oben genannten Aspekten bedroht fühlen, z. B. durch starke Konkurrenz, können zu Rigidität und Versteinerung neigen.

Unterstützung in der Konsolidierungsphase:

* Retreat-Möglichkeiten anbieten.
* Achtsamkeit/Wahrnehmung schulen.
* Intuition/emotionale Intelligenz fordern und fördern.
* Klarheit/Struktur (Rollen/Prozesse) schaffen, um unnötige Komplexität zu reduzieren.
* Soweit es geht, Sicherheit für die betroffenen Personen organisieren.
* Ein gewisses Maß an Kontinuität ermöglichen.
* Methodische Strukturen für Meetings/Besprechungen schaffen (Sachebene/Hypothesen/Lösungsideen/nächste Schritte).

7.2.3 Chancen für die Phase Reife
Schlussfolgerungen / Anregungen

Ein Mensch kann seine Reife innerhalb oder außerhalb der Arbeitswelt leben. Ist das Wertesystem des Umfeldes offen (z. B. das Unternehmen in der integrativen Phase ihm Räume für dieses Wachstum gibt), so kann er sich weiter öffnen und in einen größeren Sinn einbinden. Dann muss er für diesen Reifeprozess den Kontext – nämlich das Unternehmen – nicht verlassen.

Es kommt zu einer gegenseitigen positiven Beeinflussung von Mitarbeiter und Unternehmen. Oder aber dieser Mensch ist in einer so hohen Führungsposition tätig, um den Rahmen neu zu setzen. Dann kann er das Unternehmen selbst in diesen offeneren Raum führen, sozusagen auf eine neue Stufe heben, wie wir das am Beispiel des Japaners Kaku gezeigt haben (siehe Kapitel 3.4.1 „Ebenen von Integration").

Eine andere Möglichkeit besteht darin, dass die Menschen sich eigene Gestaltungsräume schaffen. Beispielhaft sind viele Frauen, die wenn die Kinder fast oder ganz flügge sind, (wieder) außerhalb des Hauses arbeiten.

Wenn sie durch das Einkommen des Mannes, eine Rente oder durch Arbeitslosengeld unterstützt werden, können sie sich ein neues Arbeitsumfeld aufbauen. Hier können sie ohne ständig normierendem Leistungsdruck ausgesetzt zu sein, ihr Bestes weitergeben: nämlich ihre menschlichen, sozialen oder kreativen Fähigkeiten.

So werden sie z. B. häufig Yogalehrerinnen, Therapeutinnen oder sind freiwillig in der Sterbehilfe und vielen anderen Selbsthilfegruppen tätig. In den USA, wo das soziale Netz sehr viel grobmaschiger ist als bei uns wäre ohne die Tätigkeit solcher Frauen, die z. B. freiwillige Alten- oder Krankenpflege ausüben, eine ganze Menge Elend noch viel weniger zu vertuschen als bisher. Es wirft kein gutes Licht auf unsere Gesellschaft, dass derartige Leistungen nicht entsprechend geachtet, geschweige denn angemessen honoriert werden.

Auch als Kunsthandwerkerinnen, Künstlerinnen, Autorinnen u.ä. sind diese Frauen oft nicht darauf angewiesen, einen Massengeschmack mit bestimmten „Einschaltquoten" zu bedienen. Im Gegenteil: Sie machen sich frei davon. Frauen schaffen in mehr oder weniger großen Nischen einen Reichtum an Vielfalt, ohne den die Gesellschaft – müsste sie mit der Mainstream-Kultur allein auskommen – verarmen würde.

Solche Beiträge leisten häufig Frauen und Männer, die ihr reifes Potenzial am Arbeitsplatz nicht entfalten können. Dies geschieht, wenn dort die rigide Phase bestimmend ist. Dann ist der Gang in die innere Kündigung oder innere Emigration wahrscheinlich. Sie verwirklichen sich in ihrem Privatleben, pflegen die kranke Mutter, malen, legen einen Garten an, bilden sich, sodass sie als differenzierte Kulturkonsumenten die Weiterentwicklung der Kultur fördern.

All diese Wege sind für die Gesamtgesellschaft notwendig. Diese Menschen repräsentieren verschiedene Anteile und Möglichkeiten und stellen eine enorme gesellschaftlich Produktivkraft dar, die allerdings der „anerkannten" Arbeitswelt, z. B. den Unternehmen, verloren geht.

Reife scheint wie bereits festgestellt als leicht verzichtbares Gut angesehen zu werden. Es ist allerdings nicht nur Reife, sondern das spezifische Potenzial, das Frauen mitbringen und auf das die „Arbeitsgesellschaft" oft leichtfertig verzichtet.

Hier bahnen sich Veränderungen an: Die sozialen, kommunikativen und emotionalen Kompetenzen reifer Frauen (und natürlich auch Männer) finden in Unternehmen zunehmend Platz. Eine weitere Entwicklung sieht die Ethnologin Helen Fisher kommen, die mit ihrem Buch „Anatomie der Liebe" berühmt wurde. Ihr Buch handelt um die vier Millionen Jahre alte Geschichte menschlichen Geschlechts-, Paar- und Liebesverhaltens. Nach den Wechseljahren haben die Frauen weniger Östrogene und mehr Testosteron als zuvor.
Zu ihrer weiblichen Kommunikations- und Integrationsfähigkeit kommen dann gesteigerte Klarheit und Durchsetzungsfähigkeit hinzu.
Daher meint Frau Fisher, dass Frauen über 50 Jahre die Führungskräfte der Zukunft seien. Viele von ihnen lernen oder haben gelernt, von den traditionel-

len „Mitteln einer Frau" weniger Gebrauch zu machen und stattdessen auf die Integration der weiblichen und männlichen Stärken zu setzen.

Dies ist eine der großen Möglichkeiten, die sich mit dem Älterwerden ergeben: Reife als Integration der Eigenschaften des anderen Geschlechts. Männer tun sich damit häufig schwerer als Frauen. Der Abfall des Testosteron- und Anstieg des Östrogenspiegels beim Mann wird von diesen oft als „Weibisch-Werden" gefürchtet. „Weinerliche alte Männer", denen die testosteronbedingte Durchschlagskraft fehlt, sind ihnen eher ein Schreckensbild.

Führungskräfte der Zukunft sollten sich freilich nicht allein durch Durchschlagskraft auszeichnen, sondern durch Sich-zurücknehmen, um damit Raum zu schaffen. Dort können sich andere Menschen und ein ganzes Unternehmen entfalten. Eine Potenz wird gefordert: Ein komplexes Ganzes zusammenhalten statt der Dominanz eines mächtigen Egos.
Zu einem solchen Führungsstil scheinen viele Männer und Frauen Potenziale mitzubringen, besonders diejenigen über 50. Spannend mitzuerleben, wie sich diese in Zukunft konkret realisieren. Anders formuliert: Inwieweit werden Gesellschaft und Arbeitswelt es sich leisten, auf diese Potenziale zu verzichten?

„Ein lebendes Unternehmen ist ein lebendes Wesen. Solange es lebt, ist es in ständiger Bewegung, weil es danach strebt, seine eigenen Möglichkeiten zu erweitern. Es wird nicht von irgendeinem Außenstehenden gesteuert (...). Man steuert ein Unternehmen nicht auf ein vorher festgelegtes Ziel zu. Man geht Schritt für Schritt in eine unbekannte Zukunft. Dorthin führen keine fertigen Straßen und Wege. Letzen Endes entsteht der Weg durch das Gehen, nicht das Gehen durch den Weg. (...) Ein Unternehmen braucht nicht unbedingt eine einzelne starke Hand am Ruder. Die Übertragung der Steuerungsgewalt an eine Einzelperson ist nicht notwendigerweise von Vorteil (...).
Es kommt auf die Gestaltung des Kontextes als Alternative zum Steuern (...) an. Die Kunst der Führung besteht also darin, dass man die Gemeinschaft auf ihrem Weg betreut und fördert (...). So gesehen ist Strategie nichts anderes als die Entwicklung der Lernfähigkeit eines Unternehmens."
(Arie de Geus, „Jenseits der Ökonomie", S. 244 ff.)

In Kapitel 5.3 beschrieben wir, wie sich die Entwicklung zur Reife gestaltet. Anbei einige Anregungen, wie dieser Prozess vom Umfeld unterstützt werden kann:

- Gezielt andere Blickwinkel fördern, z. B. „social work" nach dem Schweizer Modell „Seitenwechsel".
  Führungskräfte arbeiten eine kurze Zeit, z. B. zwei Wochen, in einer sozialen Einrichtung. Sie teilen etwa Essen in Obdachlosenasylen aus und kommen mit sehr vertieften sozialen Kompetenzen in ihr Unternehmen zurück – beispielsweise mit einer Haltung der Wertschätzung anderer Menschen gegenüber. Der Blick wird geschärft für das, was ihnen im Leben und bei der Arbeit wirklich wichtig ist.
- Seminare mit Themen wie z. B. Einheit oder Sich-eingebettet-Fühlen in große Zusammenhänge stellen.
- Flow.
- Modelle, Sichtweisen und Erlebnisräume schaffen, die Unterschiedlichkeit und Vielfalt wertschätzen – Empathie und Wertschätzung für die Vielfalt von Menschen und menschlichen Entwicklungsbereichen (auch außerhalb der Arbeit) schaffen.
- Karrieremodelle, die Rotation/Abordnung in andere Bereiche und damit Perspektivwechsel unterstützen, bereitstellen.
- Förderung von Sabbaticals, Bildungsurlauben und Retreats als Räume, um sich wiederzufinden.
- Achtsamkeit, Meditation, Kontemplation.
- Naturbetrachtungen (tiefe Gesetzmäßigkeiten, Dinge, die ich nicht beeinflussen kann).

7.2.4 Risiken und Chancen für die Phase Ältersein
Schlussfolgerungen / Anregungen

Auf die ab 50 drohende oder bereits erfolgte Frühpensionierung reagieren viele Betroffene nicht mit Depression oder Rückzug ins Privatleben – vielmehr wird eine neue Berufskarriere in Angriff genommen – die *Second Career*.

Exkurs: Second Career
Immer häufiger geben Arbeitnehmer zwischen 50 und 65 ihre angestammte Arbeitsstelle oder sogar ihren Beruf auf, aufgrund von
- Firmenumstrukturierungen und frühzeitiger Pensionierung,
- weil sie sich eine neue Stelle suchen müssen, oder
- weil sie eine eigene Firma gründen (vor allem bei Angestellten aus dem mittleren und oberen Management).

Dieses Phänomen ist Ursache für ein neues Karrieremuster namens Second Career, die häufig im zweiten Erwachsenenalter eingeschlagen wird.

In Kapitel 7.2.3 wurde beschrieben, wie nach Jahrzehnten als Hausfrau und Mutter Frauen in der zweiten Lebenshälfte nicht einfach nur ins Berufsleben zurückkehren – eine Formulierung übrigens, die unterstellt, dass Hausfrau und Mutter kein Beruf ist. Viele gehen nicht in den früher erlernten Beruf als Angestellte oder Beamtin zurück, sondern werden, Unternehmerin, Yogalehrerin, Schriftstellerin, Boutiquenbesitzerin oder vieles mehr. Oft sind dies Frauen, die das Einkommen ihres Mannes im Rücken haben.
Es treten aber häufiger Frauen auf, die auf sich gestellt Unsicherheit und finanzielle Enge in Kauf nehmen, um etwas aufzubauen, worin sie sich entfalten können.

Die Second Career wird jedoch ebenso von vielen männlichen Arbeitnehmern eingeschlagen. Die Gründe sind vielfältig: z. B. die Perspektive eines langen gesunden Lebens, der Jugendkult in Gesellschaft, sowie Unternehmen, die Ältere abwerten und abschieben. Hinzu kommen zwei große gesamtgesellschaftliche Trends, die nicht nur die Berufsbiografie, sondern den Lebenslauf als Ganzes einschneidend verändern: Flexibilisierung und Individualisierung.

Zunehmend ist ein Bröckeln der klassisch geplanten Laufbahn zu beobachten. Die herkömmliche Dreiteilung Schule, Berufsausbildung, Erwerbsleben/Ruhestand ist dem Zwang zur permanenten Weiterbildung gewichen.
Mit zwanzig die erste eigene Firma, mit vierzig das erste Kind und mit sechzig an die Universität – solche Lebensläufe werden bald nichts Exotisches mehr an sich haben. Schließlich gibt es die Lebensstelle nicht mehr und gute Qualifikationen sind keine Garantie für einen entsprechenden Arbeitsplatz.

Arbeitsplätze verändern sich im Zuge technologischer Innovationen rasant – neue Berufe entstehen und verschwinden wieder, alte tauchen erneut auf. Dadurch verändern sich die Anforderungen an die Arbeitnehmer. Das Schlagwort der Zukunft ist Employability (Einsetzbarkeit) statt wie bisher Employment (Anstellung).
Der Trendforscher und Professor für Kommunikationswissenschaft Peter Wippermann hat für den neuen Arbeitnehmenden den Begriff „Flexist" geprägt. Diese sind laut Wippermann anpassungsfähige, bewegliche Teamplayer mit vielen weichen sozialen Kompetenzen. Die einzige Konstante, die sie kennen, ist der ständige Wandel. Sie sind sich bewusst, dass die Arbeit durch die globale

Vernetzung zur Ware wird, die ständig neu verteilt wird, und sind es daher gewohnt, sich ständig neu verkaufen zu müssen.

Sie werden zu regelrechten Lebensunternehmern, die ihr Jobportfolio ständig umschichten und neu strukturieren.

Der Flexist ist gewissermaßen der polare Gegensatz zu den Frauen und Männern, die in der zweiten Lebenshälfte einen ganz eigenwilligen neuen Weg gehen. Sie siedeln sich eher in Nischen des Mainstreams an oder schaffen solche neu. Ihre Triebkraft ist oft nicht Anpassungsfähigkeit, sondern der Wunsch nach authentischer Selbstverwirklichung. Häufig kommen aus diesen Randzonen dann Impulse, die der Mainstream aufnimmt.

Zwischen den Flexisten und den um eigene Verwirklichung Kämpfenden gibt es natürlich alle Spielarten und „Mischformen".

Werfen wir doch noch einmal einen Blick auf den Flexisten und die Second Career. Egal ob aus innerem oder äußerem Zwang, bekommen ältere Arbeitnehmer die Konsequenzen von Veränderungen in der Arbeitswelt erfahrungsgemäß als Erste zu spüren. Zahlreiche Arbeitnehmer machen diese Erfahrung unfreiwillig. Die Bewältigung des nicht mehr Gebrauchtwerdens ist oft langwierig und schmerzhaft, der erfolgreiche Neustart keineswegs garantiert.

Nur allzu oft wird das betriebliche Angebot einer Outplacement-Beratung nicht als Chance, sondern als Affront und Abschiebung empfunden. Wer wird denn schließlich schon mit 57 Jahren und 35-jähriger Berufserfahrung freiwillig Lebensunternehmer? Neben dem drohenden Gesichtsverlust haben viele Betroffene berechtigte Ängste vor finanziellen Einbußen.

Hier sind die Unternehmen gefordert, angemessene Verträge mit guten Absicherungen anzubieten – aber auch eine Bereitschaft der Pensionskassen zu einer flexibleren Haltung wäre gefragt.

Anderseits gibt es Arbeitnehmer, welche die Veränderungen der globalisierenden Arbeitswelt schnell wahrnehmen und sich für neue Arbeits- und Lebensformen entscheiden. Es versteht sich von selbst, dass dies zumeist Leute sind, die sich den Ausstieg aus der bis dahin gängigen Berufsbiografie auch leisten können. Ihre Motivationen sind vielfältig, und können neben materieller und motivationaler z. B. auch ethischer Natur sein.

Beispiel:

Hans, 62-jähriger Filialleiter einer großen Einzelhandelskette, entschloss sich, mit seiner Frau nach Westafrika zu gehen, um dort die organisatorische Leitung eines Netzes von Missionsstationen zu übernehmen. „Ich will meinem Leben einen neuen Sinn geben und meine Erfahrungen und Kompetenzen an einem Platz einsetzen, an dem sie wertvoll sind und noch lange gebraucht werden." Als er dies bei einem Seminar mit älteren Führungskräften erzählte, löste es viel Nachdenken und intensive Gespräche aus.

Andere steigen aus ihrem bisherigen Job aus, weil sie nur Langeweile und Müdigkeit am bisherigen Arbeitsplatz empfinden, das Arbeiten an sich aber nicht loslassen können oder wollen. Sie wagen etwas Neues oder machen das Hobby endlich zum Beruf.

Der Grundtenor ist oft derselbe: Topmanager, die frühzeitig den Job quittieren, wollen sich nicht länger den Arbeitsbedingungen in den Führungsetagen aussetzen, die gekennzeichnet sind durch erhöhte Leistungsanforderungen, dichtere Kontrollen, überlange Arbeitszeiten und die ständige Bedrohung, als Älterer abgeschoben zu werden. Ihr finanzielles Polster erlaubt, diesen Schritt notfalls aus eigener Tasche zu bezahlen.

So beginnt die bewusste Suche nach Alternativen. Die Absage von gestandenen Managern an ständig zunehmende Berufsanforderungen ist auch die Konsequenz des Jugendkultes und der damit einhergehenden Seniorendiskriminierung. Doch langsam beginnt sich das Blatt zu wenden.

Anhand der demografischen Entwicklung wird stetig deutlicher, dass der junge Nachwuchs sich rar macht. Zudem bekommen Firmen immer stärker die negativen Folgen der allzu exzessiv eingesetzten Altersguillotine schmerzhaft zu spüren.

Nicht nur das Wissen und die Erfahrung, sondern ebenso das Beziehungsnetz ihrer langjährigen Mitarbeiter beginnt ihnen nun langsam, aber sicher zu fehlen. VEP's (very experienced persons) sind wieder gefragt. In den Personalabteilungen macht sich die Erkenntnis breit, dass dem wertvollen „Humankapital über 55" wieder mit etwas mehr Fingerspitzengefühl begegnet werden sollte. Ausgehend von Entwicklungen in den Vereinigten Staaten und den Niederlanden, gibt es bereits in Deutschland erste Angebote, die sich ausschließlich an Arbeitnehmer über 50 richten und die gezielt den Wandel vom Arbeitnehmer zum Arbeitsunternehmer initiieren – seien dies Outplacement-Dienstleister, Personalberater oder In-House-Lösungen in Betrieben.

Noch ist die Second Career kein Massenphänomen unter männlichen Arbeitnehmern.

Bisher wagten diesen Schritt nur mit ausreichend eigenen finanziellen Mitteln ausgestattete Personen – oder Personen, die hohe Risiken einzugehen bereit oder finanziell dazu gezwungen waren. Für eine breite Demokratisierung bräuchte es bessere und flexiblere Angebote der Unternehmen und der Pensionskassen sowie eine Umwertung alter Maßstäbe. Wahrscheinlich ist es nur eine Frage der Zeit, bis sich diese Trends allgemein durchsetzen.

Älterwerden in Unternehmen
Wenn sich die Unternehmen nicht auf diese Tendenzen angemessen einstellen, wird ihnen ein großes Potenzial gerade an Erfahrung und Reife verloren gehen. Betriebswirtschaftlich kann es durchaus sinnvoll sein, älter werdende Mitarbeiter zu fördern und mit neu zu definierenden Positionen und Funktionen einzubinden, anstatt sie abzuschieben. Schließlich entstehen hohe Kosten durch Einarbeiten und Fortbilden von Nachwuchskräften.

Darüber hinaus kommen Aufwendungen für Frühpensionierung und Abfindung hinzu sowie die eher schwer messbaren Kosten wie Erfahrungsverlust. Erschwerend wirkt sich aus, dass ein Unternehmen erst einmal Führungskräfte mit annähernd gleicher Qualifikation finden muss.

Für Unternehmen ist es lohnenswert, eine positive Vorstellung davon zu entwickeln, wie die Potenziale älterer Führungskräfte und Mitarbeiter gefördert und genutzt werden könnten.

Um eine Vorstellung über die Chancen zu geben: Etwa zwei Drittel der Meisterwerke in Kunst und Literatur wurden von Menschen über 60 geschaffen.
(Quelle: Gail Sheehy, „Die neuen Lebensphasen", a.a.O.)

Die Älteren können eine väterlich-großväterliche Mentorenhaltung einnehmen. Wenn der Mentor gelernt hat, sich selbst anzunehmen, wie er ist, kann er diese Haltung auch den Jüngeren nahebringen. Er formt diese nicht mehr nach seinem Bild, auch nicht nach den augenblicklich definierten Vorstellungen und Zielen. Er spürt und toleriert, dass die Welt sich über den Rahmen seiner Vorstellung – und die aktuellen, zeitlich sehr begrenzten Vorstellungen des Unternehmens hinaus entwickeln wird. Er hält aus, nicht selbst das Maß aller Dinge zu sein und stützt die Jüngeren, indem er sie in ihrem Sein fördert – auch wenn dieses sich von seinem eigenen unter Umständen weit entfernt.

Somit besitzt er große Möglichkeiten, die Kreativität und Innovationskraft der Jüngeren aus ihren Grenzen zu befreien, die von den vorgegebenen, sehr zeitgebundenen Unternehmenszielen sowie der von Angst und Ehrgeiz bestimmten Anpassungsfähigkeit der Jüngeren gesetzt werden.

» Was willst du Freund und Feinde kränken!
Erwachsene gehen mich nichts mehr an,
Ich muss nun an die Enkel denken.
Und sollst auch du und du und du
Nicht gleich mit mir zerfallen;
Was ich dem Enkel zu Liebe thu,
Thu ich euch allen. «
Goethe „Zahme Xenien", Werke, Bd. 5, S. 39

„Langlebige Unternehmen waren besonders tolerant gegenüber Aktivitäten in Grenzbereichen: Sie duldeten Außenseiter, Experimente und exzentrische Ideen innerhalb des zusammenhängenden Unternehmens und erweiterten dadurch ständig ihr Wissen und ihre Möglichkeiten."
(Arie de Geus, a. a. O., S. 25)

» Klugheit ist Menschenkenntnis, Weisheit ist Menschenliebe. «
Chinesisches Sprichwort

Durch den liebevoll unterstützenden Blick des Mentors kann der Mitarbeiter Vertrauen gewinnen:
*   nicht nur in seine Fähigkeiten vorgegebene Aufgaben zu erfüllen, sondern
*   auch in sein Selbst und
*   in seine Gabe sinnstiftend zu wirken und in einem Sinn
*   der das Ganze nicht nur am Laufen hält, sondern kreativ weiterentwickelt.

Der älteren Führungskraft fällt dies umso leichter, wenn sie nicht um den Erhalt der eigenen Macht und Position kämpfen und daher versuchen muss, eigene Vorstellungen durchzusetzen.

Hier ist das Unternehmen gefordert. Die Rolle des Mentors müsste mit spezifischen Charakteristika definiert sein.
Die entsprechenden Führungskräfte müssten vom Unternehmen in genau dieser Rolle bestärkt und die Rolle klar ins Karrieremodell eingebaut werden. Den Mentoren müsste ein sicherer Platz zu angemessenen Bedingungen (Gehalt, Arbeitszeit) gewährleistet werden.

Ältere Führungskräfte und Mitarbeiter könnten die Einstellungen und Verhaltensweisen, die unmittelbar mit dem Kampf ums Dasein einhergehen, ein wenig hinter sich lassen, um den Blick für das Ganze freizubekommen (strategisches Denken). Nur so kann sich eine spielerische Gelassenheit entwickeln und entfalten, die den Mitarbeitern demonstriert, dass nicht nur das Manipulieren am Computer, sondern das ganze Miteinander im Arbeitsprozess ein „lustvolles Spielen" sein kann.

So können die Jüngeren die anstrengende Ernsthaftigkeit des Wichtigseins ein wenig loslassen und das Spielerisch-Kreative in sich entwickeln.

Der Ältere, der die wichtigen Kampf- und Durchsetzungsspiele der Jugend hinter sich gelassen hat, kann zunehmend die Bereitschaft entwickeln:

* die eigenen Meinungen und Vorstellungen zu relativieren und als Annahmen zu erkennen,
* neben denen er die Vorstellungen anderer ebenfalls als gleichwertige Annahmen gelten lassen kann.

So wird er stetig offener für einen Dialog, der den Weg frei macht für komplexe Lösungen. Dem Unternehmen werden bisher noch nicht denkbare oder vorgesehene Möglichkeiten eröffnet. (Ausführlich mehr dazu in Kapitel 8.1 „Innere Haltungen" im Abschnitt „Dialog und Groupfield").

Die Möglichkeiten und Schwierigkeiten des Älterwerdens haben wir bereits in Kapitel 6.4 „Ältersein" erläutert.

Heutzutage steht Ältersein in einem neuen gesellschaftlichen Kontext: viele Frauen bekommen ihre Kinder erst zwischen Anfang dreißig und Mitte vierzig, da seit Ende der 60er-Jahre Familienplanung effektiv möglich ist und Frauen somit viel stärker in den Arbeitsprozess einbezogen wurden. Zudem dauert der Ausbildungsweg der Kinder heute meistens länger als noch vor dreißig Jahren, sodass Eltern der finanziellen Verantwortung für ihre Kinder nicht selten erst entledigt sind, wenn sie selbst zwischen 60 und 70 sind.

Die langgeltende Politik, die Menschen mit 55 in Rente schickte, gliedert das Menschenleben in drei Abschnitte: 25 bis 30 Jahre Ausbildung, 25 bis 30 Jahre Arbeitszeit und dann ca. 30 bis 35 Jahre Rentnerdasein. Rentner hätten demzufolge häufig noch 10 bis 15 Jahre lang die Sorge um ihre Kinder, die ggf. noch nicht „flügge" sind. Dies macht dann freilich ein Loslassen nicht leichter.

Die Rente mit 67 ist beschlossen. Damit steht ein 60-Jähriger noch mitten im Arbeitsleben! In USA existiert das weit verbreitete Bild, dass 65-Jährige noch jung seien („the young olds"). Die Second Career, die in diesem Alter eventuell eingeschlagen wird, kann dann noch einmal eine lange Arbeitsphase sein.

Ältere Beschäftigte sind schon lange keine Randgruppe mehr. Zurzeit erleben wir vielfach den folgenden negativen Kreislauf: Ältere sind nicht gefragt. Sie resignieren und verharren im Hochhalten von Statussymbolen und Positionen; sind dadurch noch weniger gefragt usw..
Wer geistig und körperlich trainiert, bleibt fit – wer dies aber nicht tut, baut ab, altert und bestätigt das gängige Vorurteil vom Älteren als Störenfried. Training und Motivation sind deshalb dringend notwendig.

Interessant ist, dass die Einstellung zur Arbeit offenbar kulturell bedingt ist: Während zum Beispiel in den USA acht von zehn Menschen länger als bis 65 arbeiten wollen, ist in Deutschland der Wunsch, früh in Rente zu gehen, bei jedem Dritten vorhanden.

Ein wichtiger Aspekt ist, ob ein Arbeitnehmer lange am selben Arbeitsplatz beschäftigt ist. Wer gewohnt ist, immer wieder mit neuen Aufgaben, Arbeitsbereichen und Lebenserfahrungen konfrontiert zu werden, ist flexibler und durch Neues weniger zu verunsichern als jemand, der schon viele Jahre lang immer das Gleiche macht.
Flexibilität und Aufgeschlossenheit haben nicht unbedingt mit dem Alter zu tun, selbst wenn dies häufig angenommen wird (da ältere Arbeitnehmer oftmals einfach schon lange den gleichen Arbeitsplatz besetzen).

Zukünftig geht es darum, ob die menschliche Entwicklung zum reifen Älterwerden nach hinten verschoben wird. Die Frage ist, ob also die Unternehmenswelt auf Reife verzichten will und kann – wenn das Bewusstsein für die Reife nicht sogar gänzlich als positive Perspektive verschwindet. Das Potenzial der Reife wird sich dann hauptsächlich in Räumen und Nischen außerhalb der großen Unternehmen ansiedeln.

Schon heute ist das Paradox von Massenarbeitslosigkeit einerseits und Fachkräftemangel andererseits zu beobachten. Nach einer Umfrage des Deutschen Industrie- und Handelskammertages beklagen fast 60 Prozent der Unternehmen einen Mangel an qualifizierten Arbeitnehmern.
Zugleich liegt jedoch bei den über 50-Jährigen großes Potenzial von Fachkräf-

tepotenzial brach, da in dieser Altersgruppe die Arbeitslosigkeit am höchsten ist: Bei den 55- bis 59-Jährigen liegt sie in den neuen Bundesländern bei 20 Prozent, in den alten Bundesländern bei knapp 30 Prozent. In etwa der Hälfte aller Betriebe arbeitet niemand mehr, der älter als 50 Jahre ist!

(Quelle: BMP Becker, Müller & Partner GmbH; www.bmp-finanz.de)

7.3 Leben und Agieren in den jeweiligen Unternehmensphasen

Der folgende Abschnitt ist aus mindestens drei Perspektiven interessant zu lesen:

* für den Mitarbeiter in der Organisation, der sich über das ihn umgebende Phänomen genauer informieren will, um zu verstehen, was passiert, und um sich noch kompetenter im Wandel zu bewegen,
* für die Führungskraft in der Organisation, die den Status quo verstehen und ggf. den Wandel aktiv managen und begleiten will,
* für den internen/externen Berater, der auf der Suche nach Erklärungen und Handlungsmöglichkeiten ist. Einige Tipps sind hier auch zu finden, denn wir meinen aus eigener Erfahrung: Nicht jeder Fettnapf muss erst persönlich erkundet werden, bevor ich ihn erkenne.

Aus Vereinfachungsgründen werden diese drei Perspektiven sprachlich nicht explizit separiert. Bitte fühlen Sie sich trotzdem angesprochen.

7.3.1 Besonderheiten der Pionierphase

Es geht in dieser Phase darum, in Gang zu kommen, einen guten Start zu organisieren und eine erste Stabilität zu erreichen. Schlicht gesagt: das erste halbe bis eine Jahr am Markt zu überleben. Dazu braucht es:

* eine Idee,
* erste Produkte und/oder Dienstleistungen,
* wenige, aber engagierte Mitstreiter
* und nicht zuletzt Kunden, die für das Angebotene Geld bezahlen.

Dies beschreibt aus unserer Sicht holzschnittartig das Credo dieser Phase. Nun denn, Mut gefasst und losgelegt! Im Folgenden werden beispielhaft die Themen aufgeführt, um die es sich zu kümmern gilt:

Handlungsfelder:

* Was ist die gemeinsame Vision?
* Wie wollen wir gemeinsam arbeiten?
* Was sind unsere Produkte/Dienstleistungen?
* Was ist unser Markt?
  - Wie sehen unsere Produktentwicklungs- und Akquisestrategien aus?
  - Welche Form des Marketings soll diese Strategien unterstützen?
* Welche Corporate Identity wollen wir uns geben?
* Was wären geeignete Pilotprojekte? Wie kommen wir an diese ran?
* Was sind unsere Erfolgsfaktoren?
* Was sind unsere Alleinstellungsmerkmale?
  Was unterscheidet uns von unseren Mitbewerbern?
* Coaching/Supervision
  - des Chefs
  - von kleinen Teams
* Projektinitialisierungen
* Unterstützung bei
  - Geschäftsfeldplanung
  - Marketingplanung
  - Akquiseplanung
  - Liquiditäts- und Finanzplanung

**Konsequenzen für Vorgehen und Methode
(von internen/externen Beratern und Führungskräften):**

* Zukunftsorientiert arbeiten.
* Nicht nur auf Einzelne, sondern sich auf kleine Teams fokussieren.
* Den Pionier entlasten bzw. zusätzlich tragende Schultern finden.
* Für jedes neue Produkt/jede neue Dienstleistung sollten Pilotprojekte forciert werden (inklusive Akquise).
* Nicht zu früh normieren und standardisieren.
* Eher Prototyping unterstützen als ausdifferenzierte Produkt- und Dienstleistungsentwicklung.
* Keine oder nicht zu große Konzepte, mehr Ideenskizzen, nicht zu viele Details.
* Flexibilität und die Kreativität stützen.
* Darauf achten, dass die normative Phase beim Wachstum rechtzeitig genug angesteuert wird, z. B. über Festschreibung von Spielregeln, Festlegung von Rollenbeschreibungen oder Veröffentlichung von Vision und Strategie.

Der Berater sollte in dieser Phase als Einzelperson oder – wegen der Vielfalt der Themen wird das teilweise nötig sein – mit einem kleinen Team sharetime auftreten.

Risiken, die zu beachten sind:

- Der Pionier hat die Tendenz, jedes anstehende Problem „pionierhaft" zu lösen (Ärmel hochkrempeln und selbst machen).
- Der Pionier wird zu wenig gewürdigt.
  Es wird kein angemessener Platz für seine Qualitäten gefunden.
- Häufig wird vom Pionier, wenn er keinen respektierten Platz im Neuen findet, das Unternehmen, der Bereich, die Abteilung, immer wieder in Situationen gestürzt, in denen es Pioniergeist braucht. Strukturen werden chaotisiert. Die Mitarbeiter bekommen keine Regeln zum Festhalten.
- Der Teufelskreis entsteht, in dem der Pionier sich überfordert und, da die Regeln nicht vorhanden sind (oder das Vertrauen fehlt), die Delegation dann nicht funktioniert.
  Dabei überlastet sich der Pionier nicht selten vollkommen.
- Wenn Einzelne oder das ganze Team sich in Erschöpfungszuständen befinden bzw. zyklisch desorientiert sind, ist es höchste Zeit, die normative Phase anzusteuern.
- Familienbetriebe oder Teams mit familienähnlicher Struktur können eine große Beharrungskraft in dieser Phase entfalten.

7.3.2 Besonderheiten der normativen Phase

Der Schwerpunkt dieser Phase liegt darin, Strategien, Konzepte, Prozesse, Regeln, Produkte und Dienstleistungen differenziert zu erarbeiten, abzustimmen und festzuschreiben.

Das damit zusammenhängende Vorgehen ist vielfältig beschrieben und allgemein bekannt (als das, „was man so braucht", aber nicht als Charakteristika der normativen Phase). Die Handlungsfelder dieser Phase werden deshalb beispielhaft genannt und erheben keinen Anspruch auf Vollständigkeit.

Handlungsfelder:
- Führungs- und Verhaltensgrundsätze
- Feste und variable Vergütungsmodelle
- Geschäftsprozessanalyse und -modellierung

- Aufbau- und Ablauforganisation
- Personalauswahl und -einstellungsverfahren
- Steuerungs- und Controllinginstrumente
- Technische Infrastruktur
- Perfektionierung der IT-gestützten Prozesse
- Differenzierte Systeme für Buchhaltung und Rechnungswesen
- Innovationsprozess beschreiben und in Gang setzen
- Strategieprozess beschreiben und dessen konkrete Umsetzung erlernen
- Kundenentwicklungs-, Kundenbindungs- und Marketingkonzepte
- Personalentwicklungsstrategien:
  - Karrieremodell
  - Traineeprogramme
  - Qualifizierungskonzepte usw.
- Kommunikation und Zusammenarbeit werden in dieser Phase sehr bedeutsam, sodass diesem Umstand durch Vermittlung von Kompetenzen und Konzepten zu folgenden Themen Rechnung getragen werden kann:
  - Gruppenarbeitstechniken
  - Kooperationsstrategien und Konfliktbewältigung
  - Projektmanagement
  - Mitarbeitergespräche
  - Arbeitstechniken für komplexe Sachverhalte
  - Kunden- und Dienstleistungsverständnis

Es geht nicht darum, dass ein Einzelner spontan etwas macht, sondern dass mehrere Personen miteinander oder voneinander unabhängig das jeweilige Thema nach bekannten gleichen Gestaltungsprinzipien und Regeln bearbeiten. Wichtige Aspekte sind deswegen transparente Strukturen und Prozesse.

Konsequenzen für Vorgehen und Methode (von internen/externen Beratern/ Führungskräften):
Das Vorgehen in jedem einzelnen der Themenbereiche ist vielfach erprobt. Es hört sich an wie „business as usual" – und das stimmt zum Teil. Was wir häufig in Unternehmen und Organisationen erleben ist, dass aus vielfältigen Gründen das Wesentliche in dieser Phase (nämlich Regeln zu schaffen und Dinge zu regeln) entweder übertrieben oder für wesentliche Aspekte des Organismus „vergessen" wird.

Das in dieser Phase der „Kostenfaktor Mensch" entdeckt wird kann dazu führen, dass wesentliche Fähigkeiten dieser Phase (nämlich zusammen arbeiten und zusammenarbeiten in den Aspekten der Teamfähigkeit/Kommunikation) zu wenig ausgebildet und eingeübt werden.

Die Bedeutung der persönlichen Vermittlung von Fähigkeiten und „weicheren Faktoren" wird in dieser Phase oft unterschätzt und unterbewertet („Dafür möchte ich kein Geld ausgeben!", „Das geht auch so!").

Als Fazit sollten Berater darauf achten, folgende Negativtrends weitestgehend abzuschwächen und zu vermeiden:

- Der Mensch wird als reiner Kostenfaktor und Rädchen im Getriebe betrachtet.
- Regelwerke verselbstständigen sich. Parkinsonsches Gesetz: Organisationen werden aus sich selbst heraus immer größer, selbst wenn die Aufgabe nicht mitwächst.
- Prozessdetaillierung und Perfektionismus werden übertrieben, d. h. neben den fachlichen Inhalten wird auch der Sinn transportiert
- Der Kunde wird aus den Augen verloren.
- Die interne Kommunikation wird zum Problem.

7.3.3 Besonderheiten der rigiden Phase

Das Motto dieser Phase heißt: „Diese Phase sollte so schnell wie möglich überwunden werden!"

Die spezifische Aufgabe ist, Grenzen aller Art auszuloten. Wenn dies bewusst passiert, kann das Ganze sehr schnell und undramatisch ablaufen: Ich stoße an eine Grenze, bemerke es, lerne etwas daraus, verändere die Grenze, fertig!

Beispielsweise funktioniert die Beschreibung eines Verkaufsprozesses nicht mehr, weil sich das Produkt so verändert hat, dass sich sowohl Vertriebsweg als auch Zielgruppe ändern. Kurzfristig festgestellt wird die Beschreibung modifiziert und unter Beteiligung der Betroffenen eingeführt.

Schön wäre, wenn es so einfach wäre!

Manche Organisationen und Unternehmen haben sich bereits in dieser Phase festgerannt – oder fühlen sich sogar ganz wohl darin entgegen ständiger Bekundungen, „man müsste mal was ändern". In diesem Fall gibt es zu echter Veränderung keinen Auftrag. Nichtsdestotrotz kann es aber jede Menge Alibiaufträge geben.

Beispiel für einen Alibiauftrag:

Bei einem großen IT-Dienstleister ist seit längerer Zeit bekannt, dass das Auftragsmanagement nicht funktioniert (d. h., wie Anforderungen von den Fachbereichen zu Arbeitsaufträgen für den IT-Bereich werden).

Die Handlungslogiken Ordnung und Gemeinschaft dominieren in der Kultur dieses Unternehmens. Durch den Fachbereich Vertrieb (Handlungslogiken Macht/Leistung dominieren) werden immer wieder die Beauftragungsprozesse ignoriert und es wird direkt auf Mitarbeiter zugegriffen.

Anstatt solche Vorgänge in einem persönlichen Gespräch zu thematisieren und/oder in einem Workshop mit allen Beteiligten zu lösen, schlägt die zuständige Führungskraft des IT-Bereichs oder der Prozessverantwortliche zwei (Alibi)-Aufträge vor:

* **Eine Kundenbefragung (Dienstleistungsverhalten/Kundenzufriedenheit) wird durchgeführt.**
* **Eine Task Force wird gegründet, die die Prozessbeschreibung verbessern soll.**

Jeder Mitarbeiter, Manager oder Berater, der sich erprobt hat, solche Organisationen zu bewegen und zu verändern, weiß ein Lied davon zu singen.

Wir haben viel Respekt vor dem Beharrungsvermögen solcher Organisationen und Unternehmen, denn dieses hat oftmals gute Gründe, die es als Erstes herauszufinden gilt. Nur wenn das eigentliche Bedürfnis erhalten bleibt, kann ich die Form, das Ritual ändern.

Beispiel für eine bisherige Form, ein bisheriges Ritual:

Die Mitarbeiter des mittleren Managements und der Betriebsrat wehren sich mit allen Mitteln gegen einzelne fachliche Neuerungen.

Ihr eigentliches Bedürfnis ist Sicherheit. Eine neue Form, ein neues Ritual wurde durchgeführt – eine gemeinsame Arbeit an Strategie und Vision. Resultat: Der generelle Widerstand gegen alles Neue ließ merklich nach. Ein erster Schritt war somit getan.

Dem interessierten Leser empfehlen wir, sich besonders mit „der Achse der Unparteilichkeit", „Vielparteilichkeit statt Neutralität" und „systemischen Blickwinkeln" auseinanderzusetzen und z. B. nicht gleich Verbesserungsvorschläge zu machen, sondern zu untersuchen: Was ist der Nutzen dieses Verhaltens?

Organisationen haben besonders in dieser Phase einen Sog, die Berater in die bisherige Systematik mit einzuspannen und zu absorbieren. Es gibt enorme Reibungsverluste durch Machtspiele oder verdeckte Absprachen. Häufig wird dem Berater die Sündenbockrolle zugeschrieben, was die beste Garantie dafür darstellt, dass alles so bleiben kann, wie es derzeit ist.

Beispiel für einen Berater in der Sündenbockrolle:
Für ein großes Projekt sollte ein Kick-off organisiert werden; die diesbezüglichen Informationen kamen vom Auftraggeber.
Komisch kam uns der Zeitpunkt vor, da das Projekt aus unserer Sicht schon sechs Wochen zuvor gestartet war. Begründet wurde der jetzige Startzeitpunkt damit, dass erst jetzt alle Mitarbeiter an Bord seien.
Das klang vernünftig, so legten wir los. Während der Veranstaltung (der Auftraggeber war mit dabei) wurde deutlich, dass der Projektleiter falsch ausgesucht wurde und keinerlei Akzeptanz hatte. Dies wussten alle Beteiligten schon vorher – außer uns!
Mit dem Projektleiter hatte niemand vorher gesprochen, um ihn nicht zu verletzen, da er schon einmal ein großes Projekt in den Sand gesetzt hatte. Nun sollten wir in dieser Situation vor der ganzen Gruppe den Job erledigen, den der Auftraggeber (gern mit unserer Unterstützung, wenn nötig) im ersten Schritt unter vier Augen hätte lösen müssen.
Fazit: Sündenböcke stehen für Themen, die man selbst nicht anpacken will!

Eine Weisheit der Dakota-Indianer sagt:

» Wenn Du entdeckst, dass Du ein totes Pferd reitest, steige ab. «

Doch im Berufsleben versuchen wir oft andere Strategien, nach denen wir in dieser Situation handeln:

01. *Wir besorgen eine stärkere Peitsche.*
02. *Wir wechseln die Reiter.*
03. *Wir sagen: „So haben wir das Pferd doch immer geritten."*
04. *Wir gründen einen Arbeitskreis, um das Pferd zu analysieren.*
05. *Wir besuchen andere Orte, um zu sehen, wie man dort tote Pferde reitet.*
06. *Wir erhöhen die Qualitätsstandards für den Beritt toter Pferde.*
07. *Wir bilden eine Task Force, um das tote Pferd wiederzubeleben.*
08. *Wir schieben eine Trainingseinheit ein, um besser reiten zu lernen.*
09. *Wir stellen Vergleiche unterschiedlich toter Pferde an.*
10. *Wir ändern die Kriterien, die besagen, ob ein Pferd tot ist.*
11. *Wir kaufen Leute von außerhalb ein, um das tote Pferd zu reiten.*
12. *Wir schirren mehrere tote Pferde zusammen an, damit sie schneller werden.*
13. *Wir erklären: „Kein Pferd kann so tot sein, dass man es nicht noch schlagen könnte."*
14. *Wir machen zusätzliche Mittel locker, um die Leistung des Pferdes zu erhöhen.*
15. *Wir machen eine Studie, um zu sehen, ob es billigere Berater gibt.*
16. *Wir kaufen etwas zu, das tote Pferde schneller laufen lässt.*
17. *Wir erklären, dass unser Pferd „besser, schneller und billiger" tot ist.*
18. *Wir bilden einen Qualitätszirkel, um eine Verwendung für tote Pferde zu finden.*
19. *Wir überarbeiten die Leistungsbedingungen für Pferde.*
20. *Wir richten eine unabhängige Kostenstelle für tote Pferde ein.*

Abb. 25: Totes Pferd reiten

Handlungsfelder:

* Rasche Diagnose der Gesamtlage und der dringlichsten Themen; alle Sinne nutzen (gerade auch die Intuition) und „Kultur schnuppern".
* Einzelgespräche, am besten über Hierarchieebenen hinweg:
  − Wenn Sie sich etwas wünschen dürften, was wäre dann anders?
  − Wie sieht Ihre Soll-Kultur aus?
  − Was sind aus Ihrer Sicht die dringlichsten Themen, die es anzupacken gilt?
  − Was glauben Sie muss man hier tun, um Erfolg zu haben?
* Wann ist man bei Ihnen erfolgreich?
* Was muss jemand hier in der Organisation tun, um rauszufliegen?
  (die Ergebnisse in das Graves-Modell einordnen; Ergebnistyp: prozentuale Verteilung über die Handlungslogiken)

* Interne, bereichsübergreifende Workshops zu wichtigen Kernthemen/Handlungsfeldern.
* Verschiedene Formen von Organisationsaufstellungen (Kap. 8.5).
* Nach unserer Projekterfahrung gibt es nicht die fachlichen Themen, die typisch sind für diese Phase. Die Themen aus der Pionier-/Normierungsphase, bei denen Reparaturbedarf besteht oder sich noch Lücken auftun, können allesamt auftauchen. Häufig tritt der Fall auf, dass sowohl der Kunde als auch die Potenziale der eigenen Mitarbeiter aus dem Blick geraten sind. In jedem Fall sollten Sie etwas tun, was für die Menschen, die eher die Sollkultur symbolisieren, nützlich ist und sie stärkt.
* Quickhits identifizieren und realisieren: also Themen, die für Bewegung und schnelle Schritte zum Besseren hin stehen. Schwung aufnehmen.
* Bereichsbezogen ein personenunabhängiges Organisationsmodell (Rollen und Prozesse) beschreiben, damit Sicherheit entsteht und auch Abweichungen davon sanktionierbar sind.
* Ausbildung der Führungskräfte in ihrer Rollenwahrnehmung (Feedback, Delegation, Motivation, Ziele vorgeben und kontrollieren usw.); falls zu einem so frühen Zeitpunkt möglich, zusätzlich flankierend auch Einzel- und Gruppencoaching der Führungskräfte.
* Themen sind z. B. hoher Kräfteverschleiß oder Wirkungslosigkeit des Tuns (empfunden als persönliches Versagen). Führung ist gefragt: Also Positionen beziehen, Charakter und Kontinuität zeigen, Entscheidungen treffen, und nicht alle Verantwortung sozialisieren und damit reine Gruppendynamik entfachen, denn diese ist meistens schon vorhanden.
* Verhärtete Fronten lösen und organisieren, sodass miteinander und nicht übereinander geredet wird.

**Konsequenzen für Vorgehen und Methode
(von internen/externen Beratern und Führungskräften):**
Vernetzte und systemische Betrachtungsweisen, wie Blick auf Zusammenhänge und gegenseitige Beeinflussung, haben Vorrang vor singulären Konzepten, die in der Regel mehr neue Probleme aufwerfen als sie insgesamt zur Lösung beisteuern. Mut wird benötigt, sich den richtigen Auftrag zu holen und punktuelle Interventionen in einen Gesamtprozess einbinden zu dürfen, der wie ein Projekt abläuft. Auch wenn dies in der Regel nur Schritt für Schritt klappt, ist aus unserer Sicht in dieser Phase eine der wenigen Chancen, tatsächlich etwas Relevantes zu verändern.

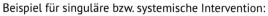
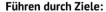

Beispiel für singuläre bzw. systemische Intervention:

Führen durch Ziele:

In einer Organisation bekamen wir den Auftrag, das Instrumentarium Zielvereinbarungen einzuführen. Nach einer zufriedenstellend verlaufenden Konzeptphase kam es in den Einführungsworkshops zum Eklat. Enorme Widerstände der Teilnehmer (dritte Führungsebene) gegen das Instrumentarium traten auf, bis hin zu verbalen Attacken gegen den durchführenden Trainer! Die zweite Führungsebene, die wir in die Workshops als Promotoren integriert hatten, nahm diese Rolle nicht war und stimmte in die Kritik gegen das Instrument Zielvereinbarungen mit ein.

Im Vorfeld war es uns nicht gelungen, den Auftraggeber dazu zu bringen, folgende Themen im Zusammenhang zu behandeln:

* Review auf den Strategieprozess: Wie entsteht unsere Strategie?
* Transparenz – was ist unsere Strategie?
* Rollenverständnis Führung
* Wie sieht unser Konsequenzmanagement aus, wenn Ziele nicht erreicht werden?
* Das Instrumentarium Zielvereinbarungen an sich

Nach einer vom Berater durchgeführten Eskalation Richtung Auftraggeber wurde der Einführungsprozess unterbrochen, und die Themen wurden im Zusammenhang behandelt. Die darauf folgenden Workshops liefen dann problemlos ab.

Unterstellt man, dass ein echter Veränderungsdruck vorhanden ist, und es gelingt nicht, den richtigen Auftrag zu bekommen, sollten Sie nicht überrascht sein, wenn Ihnen ein halbes oder dreiviertel Jahr später die Sündenbockrolle zugeschrieben wird und ein neuer Berater oder eine neue Führungskraft die Weiterführung übernimmt.

Die Sündenbockrolle gibt es im übertragenen Sinne auch bei einzelnen Themen: Erst ist es Teamorganisation, dann Controlling, dann Balance Score Card, dann Management by Objectives etc. Wenn diese Themen isoliert angepackt werden, als singuläre Konzepte, werden Sie mit Erwartungen überfrachtet. Wie ein „Breitband-Antibiotika" gehandelt, können sie jedoch kaum Wirkung entfalten und keinesfalls die zu hohen Erwartungen erfüllen.

Auf diese Weise werden oft wichtige Themen, für die es auch so schnell keinen Ersatz gibt, auf Jahre unwirksam gemacht und „verbrannt".

Eine typische Reaktion ist nach einer so eingeführten Teamorganisation: „Wenn ich das Wort Team schon höre!"

In jedem Fall werden Mentoren, Sponsoren, Entscheider auf der obersten Hierarchieebene für den Gesamtprozess gebraucht.

Aus alledem folgt: Oftmals bestehen etwa 80 Prozent der Beratungsleistung darin, überhaupt den richtigen Auftrag zu bekommen:

- Es gilt, eine Plattform für einen Projektprozess zu bauen (Projektorganisation) und den Mechanismus, wie Entscheidungen gefällt und verbindlich (oder verbindlicher) umgesetzt werden können, zu prüfen bzw. zu installieren.
- Es braucht eine „kleine Vertrauensinsel" für interne und externe Berater, d. h. eine kleine Gruppe beim Kunden (in der auch mindestens ein Entscheider sein sollte), die mit den Zielen, den Werten und dem Beratungsansatz vollkommen übereinstimmen.
  Ansonsten haben Sie zwar viel Mühe, aber keine Chance!
- Der Berater sollte interdisziplinäre Teams haben, die anfangs zwar nicht in Vollzeit zur Verfügung stehen müssen, bei denen aber berücksichtigt werden muss, dass gerade in der Startphase eine hohe Terminflexibilität dringend notwendig ist.

Nachfolgend noch einige Gedankenanstöße für Berater und Führungskräfte bezüglich immer wieder auftretender Phänomene:

1. Wie schnell müssen wir uns ändern, damit sich gar nichts ändert?
2. Was müssen wir langsamer machen, um schneller zu werden?
3. Wenn ich die Kiste jahrelang „in den Sumpf gefahren habe", kann ich nicht hoffen, ab morgen auf gut ausgebauten Straßen zu fahren. Trotzdem ist der Wunsch nach einem Befreiungsschlag da. (Siehe Punkt eins der Gedankenanstöße)
4. Teilweise ist die Ursache für nicht enden wollende Diskussionen die unausgesprochene innere Haltung (selbsterfüllende Prophezeiung): „Das klappt überall, aber nicht bei uns."
   Diese Motivation gilt es abzufragen.
   Zu wie viel Prozent glauben Sie, dass das Thema xy erfolgreich bearbeitet werden kann, so wie wir es jetzt anpacken?
   Bei mehreren Antworten unter 80 Prozent sind Sie gut beraten, die Themen zu lösen, die verhindern, dass die Prognosen der Erfolgswahrscheinlichkeit höher sind, und nicht Ihre Energie in weiteren fachlichen Diskussionen zum derart eingeschätzten Thema zu verschwenden.

5. Eine interessante Frage, die Sie sich zusätzlich als Führungskraft und/oder Berater stellen sollten, lautet: „Was haben wir, was haben Sie davon, dass alles so bleibt, wie es ist?"

6. Wenn schon viel geredet wurde: Lassen Sie Organisations- und Systemaufstellungen machen, lassen Sie Bilder malen usw. Die Ebenen müssen gewechselt werden – in keinem Fall immer nur noch mehr vom Gleichen.

7. Papiere wurden in den meisten Fällen mehr als genug beschrieben – ran an die Menschen! Organisieren Sie kleine Schritte mit Seriosität, das schafft Verbindlichkeit, Zutrauen und Vertrauen.

8. Scheinpartizipation, d. h. Menschen zu fragen, aber letztlich mit den Antworten nichts anzufangen, gilt es zu vermeiden, denn dies schafft nur zynische Resignation. Respektieren Sie die Geschwindigkeit der Organisation bzw. des Unternehmens.
Sie fragen sich, wie Sie die Geschwindigkeit herauskriegen können?
Fragen Sie verschiedene Personen aus der Organisation:
„Wenn wir jetzt eine Strategie erarbeiten und Zukunftsszenarien beschreiben würden – wann wäre für Sie Zukunft?
Nennen Sie mir eine Jahreszahl."
Die Differenz zwischen heute und der Jahreszahl, die Sie dann hören, gibt erste Anhaltspunkte.

Ein Beispiel:

Ein Führungsteam, das sich aus Führungskräften der alten und neuen Bundesländer zusammensetzte, kämpfte seit längerem mit dem Thema Misstrauenskultur im eigenen Führungsteam. Darüber geredet wurde schon viel, doch irgendwie kam nichts dabei heraus, scheinbar wurde schon alles dazu gesagt. Der ganze Gruppenprozess hatte sich also festgefahren. Mit zwei Interventionen kam wieder Bewegung in den Prozess:

1. Wir haben Zweiergruppen bilden lassen, deren Gruppenmitglieder sich gegenseitig je acht Minuten lang zwei Fragen stellten.
Wenn der Antwortende aufhörte zu reden, wiederholte der Fragende erneut die gleiche Frage. Nach acht Minuten wurden die Rollen von Fragendem und Antwortendem gewechselt. Mehr geschah nicht – keine Variation, kein Diskutieren, nur freundliche Aufmerksamkeit. Danach wurde das Gleiche mit der zweiten Frage durchgeführt. Die Fragen lauteten:

- Was ist gut daran, Misstrauen zu haben?
- Was ist wichtig daran, Vertrauen zu haben?

Aus den Zweiergruppen ging es dann ohne weiteren Austausch und Diskussion in das Plenum über.

Dort wurde die Frage an das Führungsteam gestellt: „Was haben Sie gelernt, was hat Sie überrascht?"

Durch die sich wiederholenden Fragen wurden die Hintergründe zum Thema hochgeholt und nun besprechbar – eine neue Qualität der Diskussion entstand.

Doch auch damit war das Thema noch nicht vollständig gelöst, denn ...:

2. Es fehlte eine gemeinsame Vision des Führungsteams.

In zwei Kleingruppen wurden das Bild, die wichtigsten Grundprinzipien und die zentrale Botschaft des Führungsteams, wie es sich in sechs Monaten darstellen soll, erarbeitet. Die Ergebnisse wurden präsentiert, Gemeinsamkeiten herausgearbeitet und Unterschiede diskutiert – bis sich die schließlich Gruppe auf einen Konsens einigen konnte.

Nach diesen sechs Stunden war das Thema Misstrauen weitestgehend aufgelöst.

7.3.4 Besonderheiten der integrativen Phase

In dieser Phase existieren die Errungenschaften der ersten drei Phasen parallel. Die Mehrzahl der Menschen in der Organisation bzw. dem Unternehmen haben jetzt gelernt, nicht alles „über einen Kamm zu scheren".

Sie können differenzieren ohne abzugrenzen. Unterschiede werden somit eher als Bereicherung und weniger als Bedrohung erlebt.

Es muss nicht zwanghaft alles gleich sein, sondern es reicht vollkommen aus, wenn es fair geregelt ist. Keine Polarität wird grundsätzlich ausgeschlossen. Es braucht beispielsweise:

• Regeln	+ Freiräume
• Disziplin in den Abläufen • Schnell reagieren	+ Kreatives Chaos + Geduldig abwarten können
• Klare Führung	+ Selbstorganisation
• Linienstrukturen	+ Projektorganisation
• Engagement für die Arbeit	+ Zeit für die Privatsphäre
• Grenzen • Extrovertierte Mitarbeiter • Innländer • Bisheriges Bewahren • Junge Mitarbeiter	+ Grenzüberschreitungen + Introvertierte Mitarbeiter + Ausländer + Innovatives Neues ausprobieren + Ältere Mitarbeiter

Oder allgemein formuliert: Je mehr Polaritäten integriert sind, desto höher ist das zur Verfügung stehende Potenzial sowie die Flexibilität und die Zukunftssicherheit der Organisation/des Unternehmens! Das Vermögen ist das, was die Organisation vermag!

Handlungsfelder:

- Folgende Kompetenzen sind zu unterstützen und ggf. auszubilden:
  - In Dienstleistungsprozessen denken (nicht nur in Hierarchiemodellen).

In der Integrationsphase haben Führungskräfte das Wissen um Dienstleistungsprozesse, brauchen am Anfang aber immer wieder Unterstützung beim konkreten Tun, um sich von der gedanklich verhafteten Tradition weiter lösen zu können.

- Das Rollenmodell beschreiben, evtl. neue Rollen identifizieren und einbauen (siehe auch Kapitel 7.1.3 „Karrieremodell"). Dieses Modell ermöglicht Flexibilität, denn ein Mensch kann mehrere Rollen haben und nicht nur, wie oft üblich, genau eine Stelle(nbeschreibung).
- Neues Führungsverständnis verankern: Der Mitarbeiter wird Mitunternehmer, die Führungskraft Dienstleister für ihre Mitarbeiter.

Dieses Modell sollte im Detail konzipiert und realisiert werden.

- Es braucht ein hohes Niveau von Teamarbeit und -management (inklusive Gruppenarbeitstechniken).
- Umfassendes Know-how im Bereich Projektmanagement.
- Multiprojektmanagementkompetenz und Programmmanagement (die Instanz, die die Multiprojektleiter managt und neue Projekte ins Leben ruft).
- Strategieinstrumente und Strategieprozesskompetenz.
- Rollenbasierte Ausbildungsreihen (interdisziplinärer Ansatz, auf allen Kompetenzbereichen – fachlich/methodisch/persönlich/sozial – das notwendige Wissen vermitteln, um diese Rolle umfassend zu beherrschen).
- Change-Management-Kompetenz (die Kompetenz, die hilft, den Wandel professionell begleiten zu können).
- ...
- Die Projektorganisation prüfen und ggf. weiter optimieren.
- Weitere Professionalisierung der internen Abläufe (IT und Non-IT), z. B. bestehende Prozesse verschlanken, fehlende Teilprozesse beschreiben.
- Check von Vision/Leitbildern/Führungsgrundsätzen und PE-Instrumenten bezüglich Kongruenz.
- Etablierung und/oder Ausbau eines Qualitätsmanagements.
- Aufbau einer Balance Score Card oder vergleichbarer Metriken, die qualitative und quantitative Faktoren integrieren und sowohl als Steuerungsinstrument als auch als Frühwarnsystem zu nutzen sein sollte.
- Initialisierung von Peergroups für Hierarchie- und Fachrollen.

Konsequenzen für Vorgehen und Methode
(von internen/externen Beratern und Führungskräften):
Ein wichtiger Leitgedanke ist: „Es gilt die Fähigkeit sich zu verändern in der Organisation zu implementieren."

Dazu wäre die Beachtung folgender Aspekte hilfreich:
- Überall da, wo es angemessen ist, sollte die Selbstorganisation unterstützt werden.
- Wenn die Energie, die Kraft sich mehr und mehr beim Kunden bzw. im Team entfalten soll, kann der Berater bzw. die Führungskraft nicht zu jedem Zeitpunkt „der tollste Hecht" sein.
- In dieser Phase ist es besonders hilfreich, wenn Trainer und Berater sein, oder Linienvorgesetzter und Coach sein, wie zwei Seiten der gleichen Medaille behandelt werden.

- In den einzelnen Aktionen oder Beratungsschritten gilt es, Transparenz für die Sinnfragen zu schaffen, um echte und hohe Akzeptanz zu ermöglichen. Soweit es möglich ist, sollte eine angemessene Beteiligung der Betroffenen gefördert werden.
- Für Berater ist es hilfreich, Multiplikatoren auszubilden; d. h. mit Co-Trainern/Co-Moderatoren zu arbeiten und/oder interne Change-Manager zu qualifizieren.
- Für Führungskräfte ist ernsthaft zu prüfen, welcher Anteil ihrer Fachanleitungsaufgabe auf mehrere Schultern verteilt werden kann (als Beispiel: zusätzlich eine Superuser/Keyuser Rolle etablieren bei SAP-Einführungen).

Insgesamt ist in der integrativen Phase in der Organisation eine besondere hohe Sensibilität für die Kongruenz von Verhalten und Vorgehen festzustellen. Um diesem Umstand Rechnung zu tragen, haben sich in der Praxis folgende schlichte Prinzipien bewährt:
- Den Anfang setzt die Struktur. Dies spricht dafür, von Anfang an die Arbeits-/Umgehensweise einzuschlagen, die ich auch als Zielkultur implementieren möchte. Dies erlaubt, vom Vorgelebten zu lernen.

Umgekehrt ist es schwierig, eine nicht gut laufende Sache später wieder geradezurücken. Jeder Anfang eines Projektes erzeugt eine spezifische Eigendynamik. Für den Berater heißt das, dass es einer besonderen Aufmerksamkeit in der Kontrakt-, Auftragsklärungs- und Startphase des Projektes bedarf.
Was müssen wir langsamer machen, um insgesamt schneller zu werden?

Als Berater oder Führungskraft sollten Sie sich in dieser Rolle bewusst bewegen. Es ist wie in einer Bewerbungssituation, in der auch alle Sinne besonders aktiv sind. Die Belegschaft macht mit dem Berater bzw. der Führungskraft ein Kultur-Assessment, dessen Ergebnis viel Gewicht hat für den späteren Erfolg oder Misserfolg des Projektes.

- Ein großer Fehler wäre es anzunehmen, dass alles, was bisher gelaufen ist, schlecht sei. Es gilt, „Altes" anzuerkennen, um „Neues" beginnen zu können, Zeit einzuräumen, um vom „Alten" Abschied zu nehmen, und dafür Rituale zu finden. Das Sichern von Bewährtem schafft Räume für Neues.
- Auch bei großen Widerständen gilt es, die Geduld zu bewahren. Evtl. zu früh der Versuchung nachzugeben, die „störenden" Personen auszutauschen, ohne die eigentlichen Themen des Widerstands zu verstehen, heißt nichts andere als: Neue Köpfe erben die alten Themen.

Diese Vorgehensweisen und Ansichten stellen besondere Anforderungen an den Berater oder auch an die Führungskraft. Es geht schließlich darum, den Kunden/die Mitarbeiter nicht über Abhängigkeit und Angst zu binden, sondern über ein Entwicklungsmodell, d. h., miteinander in neue Themen und Dimensionen hineinzuwachsen und/oder sich gemeinsam hinein zu entwickeln.

Dabei tauchen Themen auf wie z. B.:
* Coaching/Mentoring. In einigen Prozessen einfach mal in die zweite Reihe treten und das eigene Ego nicht in den Mittelpunkt stellen.
* Räume schaffen für Persönlichkeitsentwicklung.
* Das Potenzial und Wohlergehen der Mitarbeiter ist das höchste Gut.
* Die Fähigkeit, sich nicht auf ein Ziel zu versteifen, sondern in alternativen Szenarien zu denken und zu handeln.
* Einbeziehen gesamtgesellschaftlicher Belange, um die Flexibilität in dieser Phase zu stärken.
* Den Zielschwenk des Unternehmens von kurzfristigem Wachstum hin zu Langlebigkeit stützen (siehe auch Beschreibung integrative Phase 3.4 „Kriterien für Langlebigkeit von Unternehmen").
* Strukturelle und andere Voraussetzungen schaffen, damit Keyplayer nicht „ausbrennen".

Die in Kapitel 5.3 „Reife, die integrative Phase – Beschreibung" skizzierten weiteren Ebenen der Integration bedeuten nicht ein grundsätzlich neues Denken und Handeln – lediglich kommen neue Dimensionen hinzu.
Es geht darum mit den gleichen, oben beschriebenen Prinzipien fortzufahren, um der Organisation/dem Unternehmen ein immer größeres „Spielfeld" zu ermöglichen.

Eine der neuen Dimensionen ist, multikulturell zu handeln. Dies bedeutet deutlich mehr, als einfach nur eine neue Sprache zu lernen. Hierbei geht es um Mentalitäten sowie um soziale und gesellschaftliche Rituale.

Beispiel für eine multikulturelle Perspektive:
Bei einem Projekteinsatz in Israel ist in der Startphase ein einheimischer Projektleiter aufgefallen, der länger als eine Woche immer das gleiche Hemd trug und zudem ungewaschene, fettige Haare hatte – und das in der Sommerhitze von Tel Aviv!
Dies führte nach unseren Maßstäben zu einer unangenehmen Geruchssituation bei der gemeinsamen Teamarbeit. Da es die erste Projektwoche war, wurde

dieser Umstand aus Unsicherheit nicht angesprochen. In der folgenden Woche erschien dieser Projektleiter nun mit gewaschenen Haaren und frischen Hemd. Gemäß unserer deutschen Sichtweise, Positives zu stärken, wurde dies ihm gegenüber positiv angesprochen – worauf er irritiert reagierte.

Ein anderer israelischer Mitarbeiter klärte uns dann schließlich auf: Es ist in Israel üblich, bei einem Todesfall in der Familie seine Trauer dadurch zu zeigen, dass man sich nicht wäscht und auch keine frische, adrette Kleidung trägt. Tja, nun waren wir schlauer.

Wenn Sie sich von Ihrem heutigen Standpunkt aus gesehen die weiteren Ebenen der Integration betrachten, scheint manches weit weg zu sein und mutet vielleicht übertrieben und unerreichbar an. Dennoch: Wenn Sie Ihre nächsten Schritte gegangen sind, mag sich im wahrsten Sinne des Wortes ein neuer Standpunkt ergeben. Viel Mut und viel Spaß auf diesem Weg der Entwicklung!

7.4 Konsequenzen für Berater und Führungskräfte

Es gilt, sowohl für Berater wie für Führungskräfte eine Wahrnehmungsfähigkeit für die Unterschiede der jeweiligen unterschiedlichen Lebens- und Unternehmensphasen zu entwickeln.

Schritt 1:
Die Führungskraft/der Berater macht sich zunächst bewusst, wo er sich selbst befindet, d. h., über seine eigenen Werte, Ziele und Präferenzen:
* Wo stehen seine Mitarbeiter/Kundenmitarbeiter?
* Wo stehen sie im Verhältnis zu ihm und was bedeutet das konkret?

Schritt 2:
Als Nächstes erfolgt die Feststellung, in welcher Lebensphase sich das Unternehmen befindet, in dem er arbeitet. Auch die Beziehung der eigenen Lebensphase zu derjenigen des Unternehmens gibt Aufschluss über den Wert, der besonders eingebracht wird, sowie die Risiken, die durch die eigene spezifische Persönlichkeit dabei eingegangen werden. Wie weit will und kann ich in meiner konkreten Situation gehen? Nicht Perfektion wird angestrebt, sondern ein Gespür für eigene Fähigkeiten und Grenzen zu entwickeln.

Das Unternehmen lernt in allen Phasen, aber eben in jeder anders. Im Folgenden wird ein Überblick über sämtliche Phasen gegeben.

Für die Integrationsphase ist eine Vertiefung im Kapitel 7.5 vorgesehen.

Vier Aufgaben von Führung bestimmen die Führungsbeziehungen nachhaltig. Da dieses Thema bis auf Abstriche in der rigiden Phase immer wichtig ist, haben wir es vorangestellt.

Die vier wichtigen Qualitäten von Führungsbeziehungen:

1. Fordern – klare Ziele formulieren und diese mit den Mitarbeitern vereinbaren.
2. Fördern – die menschliche und fachliche Kompetenz der Mitarbeiter in der täglichen Arbeit steigern.
3. Stützen – die Zielerreichung durch die eigene Tätigkeit begünstigen und Grenzen regulieren.
4. Verbessern – durch die Begleitung der Mitarbeiter deren Arbeit qualitativ verbessern.

Zum Führen in der Pionierphase:

In dieser Phase bietet eine anpackende, quirlige Mentalität diverse Vorteile. Eine besondere „Hemdsärmlichkeit" regiert.

Der Visionär (s. Kapitel 8.3.1 und 8.3.2 „Riemannkreuz" und „Teamrollen nach Belbin") bringt die Menschenorientierung als wichtige Ergänzung mit – sowohl in der Orientierung nach innen zu den Mitarbeitern als auch nach außen zu den Kunden.

Durch situatives, spontanes Agieren kommt das Konzeptionelle und Strategische zu kurz, was durch die Führungsrolle „Stratege" gut ergänzt würde.

Eine Führungskraft in der Pionierphase holt sich selten Beratung – es sei denn, sie befindet sich selbst bereits in der reifen Phase. In jedem Fall gilt: Solange Beratung als Bedrohung der Pionier-Identität (z. B. durch zu viel Struktur und Strategie) erlebt wird, bleibt sie sinn- oder wirkungslos.

Auf ein Phänomen stieß bereits Napoleon beim Vorwärtsstürmen: Nach einem verlorenen Feldzug bot Metternich als Kompromiss die Rheingrenze an.

Napoleon als typischer Vertreter der Pionierphase meinte dazu: „Ein normaler Kaiser oder König könnte darauf eingehen. Aber ich, ein Kind des Glücks, muss immer vorangehen. Ein Schritt zurück bedeutet mein Ende."

So wie Napoleon sollten Sie sich als Führungskraft besser nicht verhalten, sonst erreichen Sie die normative Phase nämlich nie!

Zum Führen in der normativen Phase:

Ohne dass die Qualitäten der Pionierphase völlig verloren gehen sollten, wird:

* Kontinuität, Transparenz und Stabilität benötigt,
* dazu die Fähigkeit, zwischen Personen zu vermitteln und gute Kompromisse zu erzielen,
* sowie die Kompetenz, Menschen (evtl. durch einen Zuwachs an neuen Mitarbeitern) zu dem jeweiligen Thema „ins Boot zu holen".

Charakteristisch für diese Phase ist die Implementierung neuer Regeln. Zudem braucht es natürlich Menschen, die diese einhalten und solche, die die Einhaltung der Regeln kontrollieren. So kommen in dieser Phase die weiteren Teamrollen nach Belbin zum Tragen:

* der Stratege
* der Moderator
* der Teamworker
* der Revisor

Eine gewisse Vielfalt von Führungsrollen ist notwendig, um den phasenspezifischen Erfordernissen gerecht zu werden. Nur selten finden sich alle dieser Qualitäten in einer einzigen Person, zumal die Größe der Organisation/des Unternehmens in dieser Phase in der Regel auch mehrere Führungskräfte erfordert. Wichtig ist ein Überblick, wer welche Fähigkeiten besonders einbringt und wo Überlappungen und Defizite vorhanden sind. Wesentlich ist, diese Unterschiedlichkeit zu erkennen und sich darin gegenseitig wertzuschätzen.

In jedem Fall darf man nicht dem Prinzip der Selbstähnlichkeit verhaftet sein: „So wie ich müssen auch andere sein".

Wenn dies gegeben ist und situativ entsprechend berücksichtigt wird, lässt sich Führung in der normativen Phase erfolgreich gestalten.

Zum Führen in der rigiden Phase:

Alles Gute lässt sich übertreiben und wendet sich dann zum Schlechten (siehe Kapitel „8.4 Antityp/Teufelskreise/Wertequadrat). Dasselbe geschieht mit Regeln in der rigiden Phase.

Zum einen werden sie übertrieben und erhalten Eigendynamik und Selbstzweck; zum anderen werden sie völlig ignoriert und chaotisiert. Selten erfüllen Regeln hier ihren natürlichen, pragmatisch angemessen Zweck. Wenn Sie als Führungskraft möglichst geringe Reibungsverluste in der rigiden Phase haben wollen (und diese Haltung aushalten, ohne krank zu werden), empfehlen wir Ihnen den Führungsstil „Laisser-faire" bzw. dessen positive Prägung der „administrativen Führung". Damit bewegen Sie nicht viel, aber das will auch niemand wirklich. Sie halten die ganze Sache zumindest am Leben.

Während der „Wendezeit" war dieser Führungsstil in den neuen Bundesländern sehr gefragt: Beispielsweise wenn nicht ersichtlich war, wo es mit einem Unternehmen hingehen würde, die Chancen auf einen Neuanfang jedoch nicht verloren gehen sollten.

In dieser Phase ist in der Regel ein massiver externer Anstoß vonnöten, der bis hin zur existenziellen Frage von Veränderung für das Unternehmen/der Organisation reichen kann.
Die richtige Beraterhaltung ist zu diesem Zeitpunkt für die Führungskräfte sehr unterstützend – nämlich keine Beraterhaltung, die Angst schürt und Abhängigkeiten stärkt, sondern eine, die die integrative Phase ansteuert.
Ist eine Bewegung in Richtung integrative Phase eingeleitet, werden sämtliche Teamrollen nach Belbin gebraucht. Ein besonderes Defizit existiert in der Mitarbeiter- und Kundenorientlerung. Themen wie Authentizität, Vertrauen, Kontinuität und Verlässlichkeit, Motivation durch echtes Interesse am Gegenüber haben eine herausragende Bedeutung.

Zum Führen in der integrativen Phase:
„Führen als Aushalten von Komplexität", David Bohm, „Der Dialog".

Es geht in der integrativen Phase mehr um „sowohl – als auch" als um „entweder – oder". Folgende Eigenschaften halten wir (und auch andere namhafte Autoren) für wichtig:

* Beobachter (Arie de Geus), d. h. die Beobachtungsinstanz in einem selbst ausbilden. Zusammen mit Selbstreflexion schult dies das Unterscheidungsvermögen.
* Beziehungsgestalten (Senge).
* Toleranz für Unterschiede.
* Raum geben für Lernen von Menschen und Unternehmen.
* Die Leadership-Qualitäten sind zu konkretisieren, da diese in der Regel auf „den starken Mann" verkürzt werden und so hinter ein neues Wort nur das alte Bild geschoben wird. Was es braucht: Umgang mit Unterschiedlichkeit, sich der eigenen Glaubensvorstellung bewusst sein, Visionen haben, Persönlichkeit zeigen (Rückgrat), Authentizität zwischen Anspruch und Handeln weitestgehend herstellen, emotionale Intelligenz, Achtsamkeit und Wachheit (Präsenz).

* Zurücktreten vom Entscheidungsmonopol, d. h., anderen „Spielräume" geben, um ein eigenes Profil zu gewinnen. Soweit möglich, ist die Selbstorganisation zu stärken. Führungskräfte, die diese Qualitäten vorleben und entfalten, können, wenn sie mit dem Erreichen der Reife die Vorstellungen vom „Kampf ums Vorwärtskommen" loslassen, neue Qualitäten dazugewinnen.

Sämtliche Teamrollen nach Belbin werden gebraucht (Kapitel 8.3.2). Insbesondere ist darauf zu achten, dass die Führungskraft und auch der Berater sich wandeln. Für die Führungsrollen heißt dies, möglichst viele Facetten für sich zu aktivieren und zu erobern. Fatal ist, als Führungskraft oder Berater ausschließlich auf seine bisherige Stärke festgelegt zu sein, denn dies reduziert die Handlungsbandbreite, die notwendig gebraucht wird.

Aus der Perspektive „Lebensphasen" betrachtet bedeutet dies, der Vielfalt der Persönlichkeitsaspekte Raum zu geben. Zusätzlich gilt es, scheinbar in sich widersprüchliche Strömungen wahrzunehmen und anzuerkennen. Dann fällt es als Führungskraft umso leichter, die verschiedenen Rollen, Vorstellungen und Handlungsweisen anderer zu verstehen und zu akzeptieren (s. Kapitel 8.2.1 ff. Dialog und Groupfield).

Da in der integrativen Phase viel Nebeneinander und Komplexität existieren, braucht es immer wieder die Fähigkeit, eine Metaebene einzunehmen.

Eine aufmerksame und genaue Wahrnehmung der feinen Unterschiede und Strömungen ist dabei hilfreich. Schließlich müssen Probleme erst erkannt werden, um behoben werden zu können!

Als Führungskraft und als Berater sind Sie als ganze Person gefordert. Gut ist dabei, die Life Balance „im Auge zu behalten" – jeder Notstand reduziert die Handlungsbandbreite. Je besser Ihre allgemeine Verfassung, umso weniger haben Sie das Bedürfnis, sich zu rechtfertigen und im negativen Sinne zu profilieren. Wichtig ist „Personal Mastery", d. h. die Fähigkeit, mit sich selbst meisterhaft umzugehen (s. auch Kapitel 7.5 „Vertiefung und Ausblick zum Führen in der integrativen Phase").

Nun noch einige markante Beispiele, wie Unternehmens- und Lebensphasen mehr oder weniger glücklich zusammenwirken:

- Falls Sie als Berater in der rigiden Phase sind und der Kunde ist in der Pionierphase, heißt das: Ich muss mich größtenteils von meinen Werten (Perfektion, viel Struktur und Regeln usw.) lösen – oder die ganze Sache wird scheitern.
- Als junger pionierhafter Berater für ein Unternehmen in der rigiden Phase werden Sie rasch auf ein paar Widerstände treffen. Ihr Handlungsimpuls in Richtung Pionierqualitäten – getreu dem Motto: So wie ich bin, müssen die anderen auch sein (Prinzip der Selbstähnlichkeit) – wird nur schwer umsetzbar sein, da der zielführende Lösungsansatz in Richtung integrative Phase gehen sollte.

Nicht, dass es dort keine Pionierqualitäten braucht; andere Qualitäten müssen jedoch hinzukommen (s. Kapitel 7.3.3 „Besonderheiten der rigiden Phase").

- Als „reifer" Berater in der Integrationsphase haben Sie gute Karten: Alle Ihre Qualitäten werden erkannt, geschätzt und auch gebraucht.

Analog gelten diese Beispiele natürlich auch für Führungskräfte und Mitarbeiter. Daraus folgt: Bewusstsein ist Macht. Fragen Sie sich also: Wie weit will und kann ich in meiner konkreten Situation gehen?
Aus unserer Sicht geht es nicht darum, perfekt zu sein, sondern eine Bewusstheit für die eigenen Fähigkeiten und Grenzen zu entwickeln. Jede Grenze, jeder Unterschied ist eine Einladung zur persönlichen Entwicklung.
Für Themen und Situationen jenseits Ihrer Grenzen organisieren Sie sich Menschen, für die aus ihrem Blickwinkel leichter ist, mit diesen Themen umzugehen. Suchen Sie den Kontakt, denn so wird Vielfalt eine Chance – für Sie persönlich und für das Unternehmen!

7.5 Vertiefung und Ausblick zum Führen in der integrativen Phase

Was ist geschehen, wenn Sie sich als Führungskraft dem Führen in der integrativen Phase wirklich gewachsen fühlen? Zur Beantwortung dieser Frage möchten wir die Modelle heranziehen, die uns schon das gesamte Buch hindurch begleiten. Nach dem Lebensphasen-Modell wäre zu vermuten, dass Sie als Mensch in die reife Phase eingetreten sind und für sich Ihre persönliche Meisterschaft gefunden haben.

Für die Aspekte Handlungsbandbreite und Wertekultur lässt sich ergänzend das Graves-Modell heranziehen:

Ihnen stehen vermutlich alle Handlungslogiken von den Stufen Überleben bis zu Integrative Phase zur Verfügung:

- Sie haben gelernt, mit Existenzängsten umzugehen.
- Sie sind in einer Familien-, Freundes-, oder Lebensgemeinschaft sicher verwurzelt.
- Sie leben Ihre Macht als Entschiedenheit und Stärke.
- Strukturen und Abläufe helfen Ihrem Umfeld, ohne etwas oder jemanden unangemessen einzuengen.
- Sie sind leistungsstark und leistungsbewusst.
- Sie setzen pragmatische Ziele.
- Sie sind team- und bindungsfähig. Sie prägen Gemeinschaftskultur.
- Mit sicherem Blick für das Wohl des Ganzen setzen Sie Menschen auf den „richtigen Platz", der den Aspekten der maximalen Potenzialentfaltung Rechnung trägt.

Dies ist die maximale Entfaltung der Möglichkeiten, die über den Verstand erreichbar ist. Wie im folgenden Kapitel detailliert herausgearbeitet wird, ist die Fähigkeit zum Umgang mit Komplexität und Unterschieden stark geprägt von inneren Qualitäten und Haltungen.

Für die persönliche Entwicklung in der integrativen Phase wird der vertraute Umgang mit Achtsamkeit und Intuition (also der inneren Stimme) zum eigentlichen Erfolgsfaktor.

So verläuft auch die zukünftige Entwicklung im Unternehmen, im Markt oder in einzelnen Teams oft ganz anders, als es die rein rationale Analyse gegebener Informationen vermuten ließe. Derartige Daten sind aus bisherigen Erfahrungen gewonnen. Was fehlt, ist das Wahrnehmen der „impliziten Ordnung" der Situation – also ein Innehalten, damit ein Finden des nicht rationell Gesuchten überhaupt stattfinden kann.

Abschließend dazu ein Zitat aus dem Tao der Führung von John Heider, das diesen letzten Gedanken widerspiegelt:

» Die Paradoxie des Loslassens

Wenn ich von dem loslasse, was ich bin, werde ich zu dem, was ich sein könnte. Wenn ich meinen Besitz nicht länger festhalte, erhalte ich, was ich benötige. Es gibt sogenannte weibliche oder Yin-Paradoxien: Nachgiebigkeit verschafft Ausdauer. Der leere Raum ist ausgefüllt. Wenn ich gebe, erhalte ich. Wenn ich zutiefst niedergeschlagen bin, erstarke ich. Wenn ich nichts begehre, fällt mir vieles zu. «

8 Innere Haltungen, Sichtweisen, Modelle und Methoden zum Umgang mit Unterschieden

8.1 Innere Haltungen

Im Folgenden werden innere Haltungen beschrieben, die es erleichtern, unterschiedliche Potenziale zu erkennen, zu fördern und zur Wirkung kommen zu lassen. Voraussetzung und Grundhaltung ist unseres Erachtens äußere Achtsamkeit (awareness) und innere Achtsamkeit (mindfulness) – also die Fähigkeit, äußeres und inneres Geschehen hier und jetzt unvoreingenommen wahrzunehmen.

Achtsamkeit fördert Intuition: das Erspüren des noch nicht Gewußten, des erst noch Kommenden, des überhaupt Möglichen, der Potenziale in mir und in anderen, in Situationen und „gegebenen Realitäten".
Sie ermöglicht mir, meine vordergründigen Interessen, Voreingenommenheit, Egoismen und Ziele in der Schwebe zu halten und z. B. andere Menschen offen wahrzunehmen, emphatisch mitzuschwingen mit dem, was sie bewegt, und sie in ihrem „so-Sein" wertzuschätzen.
Ich werde fähig, mich und meinen Bereich, meine Firma usw. als Teil eines Geschehens wahrzunehmen. Ich kann erkennen, dass nicht eindeutige und einseitige Ursachen die „Schuld" an bestimmten Ereignissen und Entwicklungen tragen, sondern dass alles in systemischen, fließenden Zusammenhängen steht.

8.1.1 Achtsamkeit

Sich im Arbeits- und Lebensalltag mit all seinen Zwängen zu behaupten formt ein bestimmtes Bewusstsein, das wir hier Alltagsbewusstsein nennen wollen. Es hilft, sich ständig wiederholende Situationen zu bewältigen, ohne immer erneut nachdenken zu müssen (wie z. B. Essen, Trinken, Busfahren und viele repetitive Beschäftigungen).
Doch selbst bei diesen Tätigkeiten kann es ohne wache Achtsamkeit manchmal gefährlich werden (z. B. wenn ich während des Autofahrens nicht wahrnehme, dass ich müde, aggressiv, problembeladen o. ä. bin).

Mit dem Alltagsbewusstsein orientieren wir uns in Raum und Zeit, befriedigen unsere Bedürfnisse, müssen die dafür notwendigen Ziele erkennen und dann die entsprechenden handlungsrelevanten Mittel und Wege finden.

Die wichtigste Voraussetzung dafür ist angesammeltes Wissen und Erfahrung. Der riesige Wissensspeicher des Gehirns ist einer der großen Unterschiede zwischen Menschen und Tieren. Dadurch wird die Flexibilität möglich, in vielfältigen Umwelten und Situationen adäquat zu reagieren.

Der Zugriff auf diese Erfahrung erfolgt auf symbolischer Ebene in Sprache und Bildern, sie repräsentiert also. So kann der Mensch im Kopf quasi „probehandeln", viele Schritte vorausplanen und die nach seiner bisherigen Erfahrung günstigsten und kürzesten Lösungswege finden – das, was heute in Computersimulationen geschieht, macht der Mensch bereits seit Jahrmillionen mit seinem Gehirn.

Die kürzesten und günstigsten Lösungswege zu finden ist nötig, um schnell handeln zu können – das Gehirn selbst ist daran interessiert, Zeit und Energie zu sparen, denn sein Verbrauch an Körperenergie beträgt 20 bis 30 Prozent – mehr als jedes andere Organ.
Daher besitzt es die Tendenz, für Gedanken und Erkenntniswege „Schnellstraßen" einzurichten, mithilfe von:
* Kategorien: (diese Wahrnehmung, dieses Ereignis, dieser Mensch gehört in die und die Kategorie),
* Faustregeln: (wenn das und das passiert, reagiere ich so und so),
* Formeln: (Mitarbeiter sind zu 20 % Mitmacher und zu 80 % Miesmacher).

Wir verlassen uns auf erlebte Erfahrungen – so wurde einen Großteil unserer Handlungen automatisiert. Selbst die meisten Gedanken und Handlungen, die von Nachdenken und Analysieren geprägt sind, verlassen sich auf den Speicher gemachter Erfahrungen – ohne zu prüfen, ob diese denn gerade für die augenblickliche Situation relevant sind.

Diese Fähigkeit ist eine große Stärke: Sie ermöglicht und ökonomisiert das planende, ziel- und lösungsorientierte Denken und Handeln und das rasche Erledigen repetitiver Tätigkeiten – und birgt doch gleichzeitig Grenzen, Schwächen und Risiken.

Schon bei Routinetätigkeiten ist das automatische Vertrauen auf den Erfahrungsschatz riskant: Wenn man z. B. auf dem täglichen Arbeitsweg das neu angebrachte Stoppschild übersieht, kann das verheerende Folgen haben.
In komplexeren Zusammenhängen kann reines Erfahrungs- und Gewohnheitshandeln noch viel leichter fehlschlagen.

Fast keine Situation des Lebens ist im „Hier und Jetzt" identisch mit einer Situation aus der Vergangenheit. Ich bin mit Gedanken, Gefühlen und Vorstellungen an einem anderen Platz als vor einem Jahr – und wahrscheinlich auch als gestern.

Ich nehme wahr, denke und handele unter anderen Voraussetzungen. Diese einfache Wahrheit wird aber ignoriert, selbst bei wichtigen Entscheidungen in komplexen Situationen.

Aufgrund des Erlebten neigen wir dazu, wieder und wieder gleiche Wege zu gehen und andere zu meiden („das und das ist gut gegangen, das und das nicht"). Wir versuchen die Konsequenzen des Handelns vorauszusehen und zu kontrollieren. Das ist möglich aufgrund von Erfahrung und gespeichertem Wissen. Diese Schatztruhe stellt zugleich ein Gefängnis dar, denn Erfahrung scheut vor dem Neuen, dem Anderen zurück.

Wenn wir an einer Weide von einem Elektrozaun einen kleinen Schlag bekommen haben, werden solche und ähnliche Zäune nicht mehr berührt – auch nicht Jahre später, wenn der Zaun längst nicht mehr unter Strom steht.

Die Erfahrung sagt: „Einmal habe ich das gewagt, einmal habe ich mich auf dies und das eingelassen, einmal habe ich diesem Menschen, ja überhaupt einem Menschen, vertraut – nie wieder!"

» Wenn man schwierige Erfahrungen gemacht hat,
ist das beste Heilmittel ein schlechtes Gedächtnis. «
Amerikanische Spruchweisheit

Schlechtes Gedächtnis nach negativen Erfahrungen kann man Optimismus nennen. Daniel Goleman schreibt in seinem Buch „Emotionale Intelligenz": „Optimisten führen eine Niederlage auf etwas zurück, das sich ändern lässt, sodass sie beim nächsten Mal Erfolg haben können; Pessimisten nehmen die Schuld an der Niederlage auf sich und schreiben sie einem bleibenden Merkmal zu, an dem sie nichts ändern können."

Wie sehr der Optimismus Menschen zu motivieren vermag, beweist eine Untersuchung, die Dr. Martin Seligman mit Versicherungsvertretern der Met Life-Versicherung durchführte. Verkäufer müssen generell fähig sein, eine Zurückweisung mit Anstand einzustecken. Dies gilt insbesondere bei einem Produkt wie Versicherungen, mit dem entmutigend viele Absagen erfahren werden. Deshalb geben rund drei Viertel aller Versicherungsvertreter in den ersten drei Jahren auf. Seligman fand heraus, dass neue Vertreter mit optimistischem

Naturell in den ersten zwei Jahren ihrer Tätigkeit 37 Prozent mehr Versicherungen verkauften als Pessimisten. Und im ersten Jahr gaben doppelt so viele Pessimisten auf wie Optimisten. Für einen Verkäufer ist jedes Nein eine kleine Niederlage. Wie er emotional darauf reagiert, ist entscheidend für die Fähigkeit, genügend Motivation zum Weitermachen aufzubringen.

Wenn Ablehnungen sich häufen, kann die Moral sinken, sodass es immer schwerer wird, zum Hörer zu greifen und den nächsten Anruf zu tätigen.

Diese Ablehnung zu ertragen fällt besonders einem Pessimisten schwer, der sie sich folgendermaßen zurechtlegt: „Ich bin ein Versager – ich werde nie etwas verkaufen!" – eine Interpretation, die mit Sicherheit Apathie und Defätismus auslöst, wenn nicht gar Depression. Optimisten sagen sich dagegen: „Ich muss die Leute anders ansprechen" oder: „Der letzte Kunde war einfach schlecht gelaunt." Weil sie den Grund des Scheiterns nicht bei sich selbst suchen, sondern in der Situation, können sie beim nächsten Anruf anders auftreten.

Aber das Lernen aus positiver Erfahrung („Lernen aus Erfolg") kann ebenfalls verhängnisvolle Konsequenzen haben. Man wird zum Wiederholungstäter: „Einmal, zwei- oder dreimal war diese Entscheidung/Taktik/Strategie erfolgreich – ergo machen wir stets mehr desselben!"

Mehr desselben
Bei einem Automobilzulieferer wurde als Reaktion auf den enormen Kostendruck schon dreimal Personal abgebaut.
Strukturen wurden nach den Prinzipien des Lean-Managements optimiert.
Da diese Veränderungen weder kommunikativ noch von einem Veränderungsmanagement begleitet wurden, gingen dann als unerwünschter Nebeneffekt auch Know-how und Leistungsträger verloren.
Nun begann man sich fast schon vor neuen Aufträgen zu fürchten, wenn sie nur ein wenig vom Standard abwichen.
Die Flexibilität, auf Neues zu reagieren, war fast verloren gegangen – oder musste sehr teuer extern zugekauft werden. Zu viel desselben hat eine ernsthafte Unternehmenskrise herbeigeführt – eine sehr teure Schlankheitskur.

Bei solchen Entscheidungen können Gedächtnis und Erfahrung zum Verhängnis werden. Probehandeln mit Erfahrungswerten führt dazu, dass nicht mehr wahrgenommen wird, was hier und jetzt real passiert. Blind für das augenblickliche Geschehen und Erleben wird die Achtsamkeit für die reale äußere Situation verloren. Wir verwechseln die Landkarte, die wir uns von der Welt machen mit dieser selbst.

Auch werden die inneren Kräfte nicht wahrgenommen, die bestimmte Erfahrungen berücksichtigen und andere nicht.

Ununterbrochen werden Erinnerungen selektiert, und wir sind uns nicht bewusst, aufgrund welchen Wissens und teils versteckter innerer Vorstellungen, mentaler und emotionaler Modelle (beliefs) das getan wird. Innere Filme laufen ab: Damals habe ich so und so gehandelt, dann ist das und das passiert. Dabei drängt sich mir oft eine scheinbar plausible kausale Verknüpfung auf. Es ist passiert, doch das darf niemals wieder geschehen, das wäre dann der Untergang usw.

Dieser innere Film von Erfahrung hält oft davon ab, die aktuelle, reale Situation genau zu erkennen. Wir glauben bereits zu verstehen und zu wissen, „wo der Hase lang läuft".

Aber vielleicht ist jetzt doch einiges anders – die Randbedingungen haben sich eventuell geändert. Vielleicht stehen die heutigen Ereignisse in einem anderen systemischen Zusammenhang als damals.

Ohne wache innere Achtsamkeit wird vielleicht nicht bewusst, dass die Überlegungen zur aktuellen Situation im Grunde Vorurteile sind, die sich damals aus unseren Gefühlen, Vorstellungen und Einschätzungen (mentalen Modellen) gebildet haben.

Bei solchen Vorgehen reagieren wir nicht achtsam auf die aktuelle Realität, sondern auf die Vorstellungen, die aufgrund alter „Filme" nach vorne treten.

Wir handeln wie in Trance – unser Alltagsbewusstsein ist zur alltäglichen Trance geworden.

Ein extremes Beispiel für diesen Vorgang ist Watzlawicks Geschichte von dem Mann, der sich einen Hammer leihen will:

Ein Mann will ein Bild aufhängen. Den Nagel hat er, nicht aber den Hammer. Der Nachbar hat einen Hammer. Also beschließt unser Mann, hinüberzugehen und ihn auszuborgen.

Doch da kommt ihm ein Zweifel: „Was, wenn der Nachbar mir den Hammer nicht leihen will? Gestern schon grüßte er mich nur so flüchtig. Vielleicht war er in Eile. Aber vielleicht war die Eile nur vorgeschützt, und er hat etwas gegen mich. Und was? Ich habe ihm nichts angetan; der bildet sich da etwas ein.

Wenn jemand von mir ein Werkzeug borgen wollte, ich gäbe es ihm sofort. Und warum er nicht? Wie kann man einem Mitmenschen einfach einen Gefallen abschlagen? Leute wie dieser Kerl vergiften einem das Leben. Und dann bildet er sich noch ein, ich sei auf ihn angewiesen. Bloß weil er einen Hammer hat.

Jetzt reicht es mir wirklich."
Und so stürmt der Mann hinüber, läutet, der Nachbar öffnet, doch noch bevor er
‚Guten Tag' sagen kann, schreit ihn unser Mann an:
„Behalten Sie Ihren Hammer, Sie Rüpel!"
(Paul Watzlawick: „Anleitung zum Unglücklichsein")

Wir erleben den inneren Film als objektives, unverrückbares Wissen, durch das wir die äußere Realität als ebenfalls unverrückbar, als wahr ansehen. Die nicht verstandene Verbindung von Innerem und Äußerem erscheint als Wirklichkeit, die nicht von uns erschaffen wurde, sondern von außen gegeben ist. Sie ist jetzt eine materielle Welt geworden, in der scheinbar alle Regeln und Möglichkeiten gegeben und festgelegt sind.

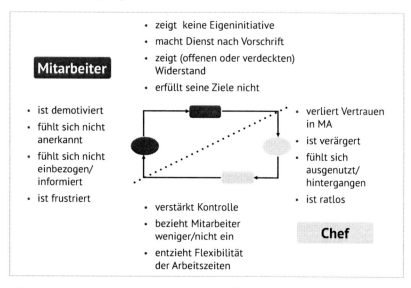

Abb. 26: Der „Teufelskreis" der Sanktionierung, aus „Führen im Wandel"

Unachtsamkeit hält uns gefangen in Mustern des Denkens und Handelns, die in der Vergangenheit entstanden und festgelegt wurden, ohne Veränderungen wahrzunehmen oder angemessen zu berücksichtigen.

Achtsamkeit ist der Ausweg aus diesem erstarrten Raum, in dem alles schon „gewusst" und alles schon vorgegeben ist.
Das wichtigste Buch des großen Achtsamkeitslehrers Krishnamurti heißt nicht zufällig „Freedom from the Known".

Ellen Langer von der Harvard Universität erforscht die Wirkungsweise der Achtsamkeit und empfiehlt: „Vertraue möglichst wenig auf deine kognitiven Automatismen.
Es ist viel wirklichkeitsnäher und zielführender, sich immer wieder in den Zustand der Präsenz zu versetzen. In eine möglichst wache, achtsame Seinsweise, die auf schematisches Denken weitgehend verzichtet und in jeder Situation offen für jede Möglichkeit bleibt."

Achtsamkeit ist waches Wahrnehmen dessen, was ist – auch wenn es nicht zu den eigenen Erfahrungen, Werten, Vorstellungen und Zielen passt.
Dazu muss man sich frei machen können von seinen Werten und seiner Routine, seinen Vorstellungen davon, wie etwas zu sein hat.

Es wurde einmal eine amüsante Untersuchung zum Thema selektive Wahrnehmung durchgeführt: Drei Männer wurden durch eine Straße geschickt und danach um ihren Kommentar gebeten.
Der Erste meinte, die Straße sei extrem verschmutzt, der Zweite sagte, dass dort, wo diese Straße in die andere Straße mündet, ein Stoppschild hingehöre, der Dritte stellte fest, dass die Straße in einer guten Wohnlage liege.
Natürlich war der Erste beim Amt für Straßenreinigung, der zweite Polizist und der Dritte Immobilienhändler.

Im Zustand der nach außen gewandten, äußeren Achtsamkeit sind wir offen und sensibel für Neues – selbst in scheinbar vertrauten Situationen.
Achtsam sein bedeutet, die Wahrnehmung zu schärfen und überall Veränderungen zu erkennen, selbst wenn es sich dabei nur um Nuancen handelt.
Achtsamkeit ist die Kunst, die feinen Unterschiede wahrzunehmen.
Wer achtsam ist, ist ganz bei der Sache und verschafft sich dadurch immer wieder neu ein unvoreingenommenes Bild.

Aber äußere Achtsamkeit ist nur der halbe Schritt, denn nicht nur die äußere Situation ist niemals dieselbe, auch die des Betrachters, des wahrnehmenden, denkenden und handelnden Menschen, ist in jedem Moment anders, gestaltet sich immer wieder neu, so wie es schon der Wissenschaftler Heisenberg mit seiner Unschärferelation für das Beobachten mikrophysikalischer Prozesse festgestellt hat.
Die wahrgenommene äußere Wirklichkeit ändert sich in Abhängigkeit vom Standort des Betrachters, von seinen aktuellen Gedanken, Vorstellungen, Wünschen, Zielen, Gefühlen und Gestimmtheiten. Um situationsgerecht handeln zu

können, kommt es also auch auf die Wahrnehmung des Inneren, auf die innere Achtsamkeit an.

Innere Achtsamkeit (mindfulness) bedeutet waches Wahrnehmen des inneren Erlebens, aller Gedanken, Vorstellungen, Überzeugungen, Gefühle, Empfindungen, inneren Kommentare, Monologe und Dialoge. Ich nehme dabei mein inneres Erleben, meine Gedanken, Vorstellungen, Gefühle usw. einfach wahr, ohne in sie einzusteigen und mich von ihnen „gefangen nehmen" zu lassen.

Normalerweise läuft im Alltagsbewusstsein, in der „alltäglichen Trance" in etwa Folgendes ab: Mir kommt ein Gedanke: „Wenn ich jetzt das und das tue, diese Entscheidung treffe, dann passiert wahrscheinlich das und das. Ich weiß ja, wie das eine auf das andere folgt, das kenne ich, deshalb muss ich diese und jene Vorkehrungen treffen (siehe die Story vom Hammer).
Während ich glaube, äußere Verhältnisse realistisch einschätzen zu können (Probehandeln), merke ich kaum, dass ich mich längst wie in ein Spinnennetz in ein Szenario eingesponnen habe, dass ich gerade aus alten Versatzstücken zusammenbaue, und dass ich dabei von Gefühlen wie Kampfbereitschaft, Ärger oder Angst gesteuert werde, die sich in meinem Körper fühlbar breit gemacht haben.

Innere Achtsamkeit ist ein passives Wahrnehmen all dessen, was in mir geschieht. Nach der neuesten Kognitionsforschung sind dabei das Erste und Feinste, was sich in mir verändert und am ehesten unserer Selbstwahrnehmung entgeht, kleinste Veränderungen auf der Körperebene, z. B. im Muskeltonus. Diese setzen dann Assoziationsketten „gröberer" Ereignisse in Gang: Gefühle, Gedanken, Vorstellungen ändern sich.
Der bekannte Neurologe Antonio Damasio („Descartes Irrtum", S. 93 und passim) nennt diese feinen „initialen" ersten Veränderungen im Muskeltonus, die wir als Empfindungen wahrnehmen, „somatische Marker".
Um sie wahrzunehmen, bedarf es fein gestimmter, geschulter Achtsamkeit. Um die ihnen folgenden Gefühls- und Gedankenketten offen wahrzunehmen, muss ich mir eine offene, passive, nicht wertende Beobachtungshaltung angewöhnen: Die körperlichen, mentalen oder psychischen Vorgänge, die ich in mir beobachte, bewirken keine Reaktion bei mir.
Wenn ein Gedanke kommt, denke ich ihn nicht weiter, suche keine Lösungen oder Begründungen, sondern schaffe nur einen Raum in mir, wie eine Instanz oder einen Zeugen (witness), der all mein inneres Geschehen wahrnimmt, ohne damit zu arbeiten oder etwas damit zu machen. Ich nehme meine Empfindun-

gen und Assoziationen einfach nur neugierig wahr, ohne sie gleich zu bewerten, zu entfernen, zu verändern oder fortzuspinnen. Ich nehme wahr, wie sie kommen und gehen, woher, wohin und was sie mit mir machen, was für Empfindungen, Erinnerungsketten, Gefühle, Vorstellungen davon, wie etwas ist und sein wird, sie in mir auslösen.

So halte ich einen passiven, neutralen Zeugenabstand gegenüber meinen Gedanken und Vorstellungen. Was mir zuvor im Alltagsbewusstsein als unverrückbare äußere und innere Realität erschien, gerät so in Bewegung, in Fluss, relativiert sich als mein augenblickliches inneres Geschehen (Vorstellung, Weltbild), das ich als momentan von mir „geschaffene Wirklichkeit" erkennen kann.

Nun bin ich auch offen dafür, meine Sichtweise als meine eigene zu sehen. Mit innerer Achtsamkeit wird es demzufolge leichter, anderen ihre eigenen Sichtweisen zuzugestehen und dies ermöglicht wiederum mir selbst einen Perspektivenwechsel. Ich gewinne neue Möglichkeiten des Denkens und Handelns.

Mit der Achtsamkeit und wachsenden Offenheit gegenüber meinen eigenen Gefühlen und anderen inneren Vorgänge wachsen zudem die Sensibilität für die Befindlichkeiten anderer, die Fähigkeiten der emotionalen Intelligenz sowie Empathie und Wertschätzung, für Unterschiede und für Andersseins.

Wer im Alltag schnell reagieren muss, handelt fast immer aufgrund einer automatisch in sich selbst angelegten, dann aber als Wirklichkeit angenommenen „Landkarte".
Dies wird dem Achtsamen bewusst, der diesen Umstand relativierbar wahrnimmt und so Abstand und Freiheit davon gewinnen kann. Dann können an der Peripherie des automatischen Gedankenstromes Zusammenhänge, Bilder, Eingebungen, Wahrnehmungen, Erkenntnisse aufleuchten, die kognitiv, wenn im Alltagsbewusstsein danach gesucht worden wäre, niemals hätten gefunden bzw. nicht wahrgenommen werden können.
Innere Achtsamkeit ist nicht jedoch gleichzusetzen mit innerer Versenkung, sondern bedeutet, innere und äußere Vorgänge mit ungeteilter, entspannter Aufmerksamkeit zu beobachten – während das Leben und damit auch die eigenen Handlungen weitergehen.
Das will geübt sein, und die Fähigkeit der Achtsamkeit ist auch trainierbar, z. B. in Seminaren über Selbstwahrnehmung, Yoga und Meditation.

Ein Beispiel:

Ein Weiser wurde einmal gefragt, warum er trotz seiner vielen Beschäftigungen immer so konzentriert und gelassen zugleich sein könne.

Er sagte: „Wenn ich stehe, dann stehe ich; wenn ich sitze, dann sitze ich; wenn ich esse, dann esse ich; wenn ich spreche, dann spreche ich."

Da fielen ihm die Fragesteller ins Wort:

„Das tun wir doch auch, aber was machst du darüber hinaus?"

Er antwortete: „Wenn ich stehe, dann stehe ich; wenn ich sitze, dann sitze ich; wenn ich esse, dann esse ich; wenn ich spreche, dann spreche ich."

Wieder sagten die anderen: „Das tun wir doch auch!"

Er aber sagte. „Nein, das tut ihr nicht, wenn ihr sitzt, dann steht ihr schon; wenn ihr steht, dann geht ihr schon; wenn ihr geht, dann seid ihr schon am Ziel!"

(nach Thich Nhat Hanh)

8.1.2 Intuitive Wahrnehmung

Das Finden des nicht Gesuchten wird Intuition und Kreativität genannt. Kreativ sein bedeutet, mehr wahrzunehmen als die manchmal etwas ausgetretenen Pfade von lösungsorientiertem Denken, rationaler Konzepte oder Erklärungen.

Pablo Picasso, vielleicht einer der kreativsten Menschen des 20. Jahrhunderts, konnte seine Visionen, Vorstellungen und Perspektiven innerhalb von Minuten immer wieder ändern. Manchmal zeichnete er an einem Tag von ein und derselben Person fünf verschiedene Porträts – und war vollkommen frei gegenüber dem, was er gerade geschaffen hatte.

Er war offen und wollte nichts Bestimmtes erreichen. Für einen Film malte Picasso 20 Minuten live, wobei der Zuschauer jeden Schritt mitverfolgen konnte. Erst malte er eine schöne Landschaft, nach zwölf Minuten machte er daraus einen prächtigen Hahn, dann fragte er, wie viel Zeit er noch habe. „Noch drei Minuten" war die Antwort. „Dann habe ich ja noch viel Zeit", sagt er – und machte aus dem Hahn einen Fisch.

Über dieses Finden, ohne zu suchen, schrieb er ein Gedicht:

Ich suche nicht – ich finde.
Suchen, das ist Ausgehen von alten
Beständen und ein Finden-Wollen
Von bereits Bekanntem im Neuen.

Finden, das ist das völlig Neue!
Das Neue auch in der Bewegung.
Alle Wege sind offen, und was
Gefunden wird, ist unbekannt.
Es ist ein Wagnis –
Ein heiliges Abenteuer!

Die Ungewissheit solcher
Wagnisse können eigentlich nur
Jene auf sich nehmen, die sich
Im Ungeborgenen geborgen
Wissen – die in der Ungewissheit
Geführt werden – die sich im
Dunkeln einem unsichtbaren
Stern überlassen – die sich vom
Ziele ziehen lassen und nicht,
Menschlich beschränkt und
Eingeengt, das Ziel bestimmen.

Dieses Offensein für jede neue
Erkenntnis im Außen und Innen.
Das ist das Wesenhafte des
Modernen Menschen, der in aller
Angst des Loslassens doch die
Gnade des Gehaltenseins im
Offenwerden neuer Möglichkeiten erfährt.
Pablo Picasso

Die „Angst des Loslassens" muss sich nicht immer auf etwas Großes, Existenzielles beziehen.
Es ist der Mut, mich von vertrauten Gedankenketten und Schlussfolgerungen zu lösen:

* warum etwas ist, wie es ist, und wie es dazu wurde,
* wie etwas kommen wird, wenn ich das und das mache,
* was mir wichtig vorkommt und was unwichtig.

Es erscheint immer ein Wagnis, sich aus der Sicherheit gewohnter Vorstellungen, Erfahrungen, Überlegungen und Argumente zu lösen.

Für die Baumeister im Mittelalter war ein großer Schritt, von der Vorstellung loszulassen, je höher sie die Kirche bauen wollten, desto massiver und dicker müssten die Mauern sein. Stattdessen lockerten Sie die Mauern mit riesigen Fenstern auf, machten sie damit leichter und entwickelten zusätzlich ein kompliziertes äußeres Stützsystem.

Dazu gehörte der Mut zum Querdenken. Achtsamkeit ist gefordert, um das, was ich bisher für Gesetz hielt als bloße Vorstellung erkennen zu können – als lediglich meine bisherige Art, die Dinge zu sehen. Daraus entsteht die Freiheit, sich vorstellen: Vielleicht kann es ja auch ganz anders gehen!

Achtsamkeit und Intuition ermöglichen ein Erspüren kommender Wirklichkeit.

Vielleicht verläuft die zukünftige Entwicklung eines Unternehmens auf dem Markt oder in einem Team anders, als es die rationale Analyse von gegebenen Informationen zulässt. Solche Daten wurden schließlich nur aus meinem Erfahrungsbewusstsein gewonnen und stabilisieren dieses weiterhin.

Leicht kann man sich in der Welt gemachter Erfahrungen verfangen und hängt dann fest in der alltäglichen Trance. Keine ausreichende Basis für die Zukunft betreffende Entscheidungen und Handlungen, die eventuell von ganz anderen Faktoren und Bewegungsgesetzen beeinflusst wird als denen, die bisher erfahren und rational verstanden wurden.

Hier kann ein „Sich-Öffnen" für das intuitive Finden des nicht Gesuchten, ein ahnungsvolles Spüren des noch nicht Gewussten das Kommende ermöglichen und somit Entscheidungen und Handlungen erlauben, die zukunftsrelevant sind.

Claus Otto Scharmer vom MIT (Massachusetts Institute of Technology) hat regelrecht einen alten Lernzyklus, der auf durch Erfahrung selektierten Beobachtungen und Informationen aufbaut, von einem neuen Lernzyklus unterschieden, der von einer achtsamen, nicht durch Erfahrung eingeengten Wahrnehmung ausgeht.

Volker Viehoff und Rainer Scheunemann entwickelten diesen Ansatz weiter vom konventionellen Lernzyklus zu einer neu entstehenden Lernspirale.

Dieses Bild verdeutlicht, wie ein Lernen, Entscheiden und Handeln, das auf achtsamer Wahrnehmung dessen, was jetzt gerade ist, und einem intuitiven „Sich-Öffnen" für das Nichtgesuchte aufbaut, Zugang zu den Räumen zukünftiger Wirklichkeit schaffen kann.

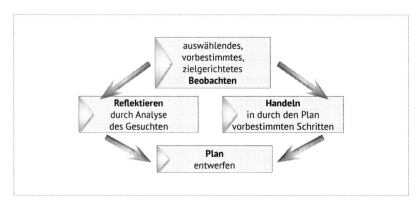

Abb. 27: Der konventionelle Lernzyklus

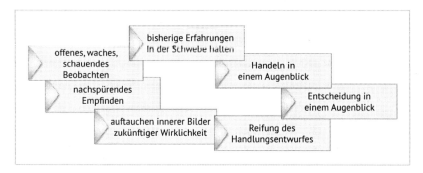

Abb. 28: Die neue Lernspirale

8.1.3 Empathie / Wertschätzung

» Der Chef, der seine Mitarbeiter für Idioten hält,
dessen Mitarbeiter werden Idioten. «
(Peter Molzberger: „Synergetische Zusammenarbeit – Ein Schwimmkurs für Führungskräfte")

In dieser Aussage findet sich die klarste Haltung im Umgang mit Unterschieden: Alle, die anders sind, anders denken und anders handeln als ich, sind Idioten, Versager: bestenfalls Menschen, denen nicht klar ist, worauf es ankommt. Denen man dies aber durch ein Gemisch aus Druck, Strafen, Belohnung und Training beibringen kann.

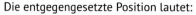

Die entgegengesetzte Position lautet:

„**Wenn du zur Seele von jemandem sprichst, ist deine Botschaft: ‚Du bist vollkommen.'** Damit gibst du ihm alle Möglichkeiten, sich zu entfalten, an seinem besten Platz zu sein. Sprichst du aber mit ihm als mit jemandem mit nur ganz bestimmten Fähigkeiten, bestimmten Mustern und Schwächen, dann wird er zu so einem auf Eingeschränktsein festgelegten Menschen. Sprichst du mit ihm mit der Vorstellung, ihn ändern zu wollen, dann fühlt er sich festgelegt, eingezwängt, beschränkt, nicht o.k. und wird sich rechtfertigen.**

In deiner Art, jemanden wahrzunehmen, bestimmst du wesentlich mit, wie dieser Mensch sich in diesem Moment selbst wahrnimmt, wie er fühlt, denkt und handelt."

(Ram Dass, „Find your inner Self", Audiokassette 3)

Diese Haltung der Wertschätzung nimmt andere Menschen so an, wie sie sind, und fördert sie in ihren spezifischen Fähigkeiten und Möglichkeiten. Dies zu können erfordert Fähigkeiten, die im Berufsalltag eher unterdrückt als zur Entfaltung gebracht werden. Seinen Platz behaupten, sich konkurrierend durchsetzen, auf vorgegebene Ziele orientiert handeln, definierte Leistungen erbringen und damit besser sein als andere – das alles trägt nicht dazu bei eine Haltung zu entwickeln, die schlummernde, nicht im engen Mainstream liegende Potenziale in mir und anderen entdeckt und fördert.

Wertschätzung beginnt damit, dem Anderen unvoreingenommen wahrzunehmen, zuzuhören, und empathisch mit ihm mitzuschwingen. Da hierzu eine große Anzahl Bücher und Trainings bereits existieren, wird an dieser Stelle nicht ausführlicher darauf eingegangen. Entscheidend ist, dass diese Fähigkeiten nicht als Kommunikationstechniken eingesetzt werden – sonst fühlen andere sich nicht ernst genommen, sondern manipuliert.

Wertschätzung wirkt nur dann, wenn sie aus einer inneren Haltung heraus erbracht wird, die jedoch oft auf dem Prüfstand steht (zum Beispiel wenn mein Gegenüber andere Meinungen, Anschauungen und insbesondere auch andere Interessen hat als ich).

Hier bin ich gefordert, meine Vorstellungen und Positionen als nur meine zu erkennen und zu relativieren. Wie dies konkret abläuft, erfahren, gelernt sowie im Gruppenprozess geübt wird, stellen wir in den Kapiteln 8.2.1 und 8.2.2 „Der Dialogprozess" und „Groupfield" dar.

8.2 Achtsamkeit in Aktion

8.2.1 Der Dialogprozess

Solange es um technische Probleme geht, für die nach klaren Kriterien eindeutig bessere Lösungen vorhanden sind, ist es relativ leicht, aus verschiedenen Lösungsangeboten mithilfe von Diskussionen die sachgemäßeren Argumente herauszufiltern.

Liegen allerdings Ziele, Wertvorstellungen und Interessen im Widerspruch, gibt es kein „besseres" Argument. In Diskussionen setzt sich häufig die Sichtweise des Mächtigeren durch. Gibt es kein Machtgefälle (z. B. Führungskräfte – Mitarbeiter), kann es lebenslange Machtkämpfe darum geben, wer „Recht" hat (wie z. B. in vielen Partnerschaften).

„Zur Disziplin des Teamlernens gehört, dass die Beteiligten die Techniken des Dialogs und der Diskussion beherrschen, d. h., sie beherrschen die zwei unterschiedlichen Gesprächsmethoden von Teams. Kennzeichnend für den Dialog ist, dass man frei und kreativ komplexe und subtile Fragen erforscht, einander intensiv ‚zuhört' und sich nicht von vornherein auf eine Ansicht festlegt. Im Gegensatz dazu werden in einer Diskussion unterschiedliche Meinungen präsentiert und verteidigt, und man sucht nach den besten Argumenten für gerade anstehende Entscheidungen. Dialog und Diskussion können sich potenziell ergänzen, aber die meisten Teams verfügen nicht über die Fähigkeit, zwischen den beiden zu unterscheiden und bewusst zwischen beiden hin- und herzuwechseln. Zum Teamlernen gehört außerdem, dass man lernt, kreativ mit starken Kräften umzugehen, die einem produktiven Dialog und einer produktiven Diskussion entgegenwirken.

Das sind in erster Linie jene Kräfte, die Chris Argyris als ‚Abwehrroutinen' bezeichnet, gewohnheitsmäßige Interaktionsweisen, die uns und andere vor Bedrohungen und Peinlichkeiten schützen, die aber auch verhindern, dass wir lernen."
(Peter Senge: „Die fünfte Disziplin", S. 288 ff.)

In der Dialogrunde hören alle einander mit der Haltung zu, dass niemand den einzig richtigen, jeder aber einen wichtigen Beitrag einbringt. Die für die Gruppe daraus erwachsende Einsicht und Erkenntnis ist größer, als würde ein Einzelner versuchen, den Sachverhalt allein zu erfassen.

Die Theorie und Methodik des Dialogs wurde von dem Physiknobelpreisträger David Bohm ausgearbeitet. „Er geht davon aus, dass das Denken ein größtenteils kollektives Phänomen ist und dass im Dialog eine Gruppe sich ‚dem Fluss einer größeren Intelligenz‘ öffnen kann." *(David Bohm: „Der Dialog", S. 101 ff.)*

Bohm führt weiter aus: „‚Dialog‘ kommt von dem griechischen Wort dialogos. Logos heißt ‚das Wort‘ oder auch ‚Wortbedeutung, Wortsinn‘. Und das heißt ‚durch‘, nicht ‚zwei‘.
Ein Dialog kann von einer beliebigen Anzahl von Leuten geführt werden, nicht nur von zweien. Sogar ein Einzelner kann einen gewissen Dialog mit sich selbst pflegen. Wesentlich ist, dass der Geist des Dialogs vorhanden ist.
Die Vorstellung oder das Bild, das diese Ableitung nahelegt ist, ein freier Sinnfluss, der unter uns, durch uns hindurch und zwischen uns fließt. Das macht einen Sinnstrom innerhalb der ganzen Gruppe möglich, aus dem vielleicht ein neues Verständnis entspringen kann. Diese Einsicht ist etwas Neues, das zu Beginn möglicherweise gar nicht vorhanden war. Sie ist etwas Kreatives (...).
Vergleichen Sie dies mit dem Wort ‚Diskussion‘, das dieselbe Wurzel hat, wie ‚Perkussion‘. In Wahrheit bedeutet es zerschlagen, zerteilen, zerlegen. Betont wird der Gedanke von kritischer Analyse, bei der es viele Ansichten geben kann und bei der jeder eine andere Meinung vorträgt, analysiert und zergliedert.
Das hat offensichtlich seinen Wert, aber die Möglichkeiten sind begrenzt, und es wird uns über unsere jeweiligen Standpunkte hinaus nicht viel weiterbringen. Eine Diskussion ist fast wie ein Pingpongspiel, bei dem Leute ihre Meinungen vor- und zurückschlagen und dessen Ziel es ist, zu gewinnen und Punkte für sich zu sammeln. Bei einem Dialog jedoch versucht niemand zu gewinnen. Wenn einer gewinnt, gewinnen alle (...). Es gibt nur Gewinner, während das andere Spiel Gewinnen-Verlieren heißt." *(David Bohm, a. a. O. S. 32 ff.)*

Bei einem Dialog gelangt der Einzelne zu Einsichten, die er allein einfach nicht erreichen könnte. Die Gruppe erforscht schwierige, komplexe Fragen unter Berücksichtigung vieler verschiedener Blickwinkel.
Der Einzelne legt sich nicht auf (s)eine Meinung fest, da er sich klarmacht, dass seine Standpunkte und Ansichten nur persönlichen Annahmen und Grundvorstellungen als Voraussetzung haben, die er im Dialog offen mitteilt.
Andererseits fragt er interessiert nach den Annahmen, die den Meinungen seiner Gesprächspartner zugrunde liegen. Dialogpartner können die ganze Fülle der Erfahrung und des Denkens aller Beteiligten ungehindert erforschen, an die Oberfläche bringen und damit weit über die Begrenztheit individueller Vorstellungen und Meinungen hinausgelangen. Indem die Teilnehmer die Äußerungen

anderer und ihre eigenen gleichermaßen als „Annahmen" erkennen, werden sie zu Beobachtern ihres eigenen Denkens. Sie nehmen zum Beispiel wahr, dass ihr Denken aktiv ist und dass ihre Standpunkte und Positionen oft erst im Gespräch entstehen. Wenn während eines Dialogs ein Konflikt an die Oberfläche kommt, erkennen die Teilnehmer das Entstehen dieses Konflikts: Die Annahmen der anderen werden interpretiert, woraus eigene Annahmen entstehen, die als mit denen der anderen unverträglich klassifiziert werden.

Aber anstatt den Kampf um die Wahrheit und das „Rechtbehalten" zu führen folgt die Erkenntnis: „Es sind nur unsere Gedanken, die sich im Konflikt befinden, nicht wir, nur unsere Annahmen und unsere Art, wie wir an ihnen festhalten." So entwickeln die Dialogteilnehmer eine kreativere und weniger reaktive Haltung gegenüber dem eigenen Denken und dem der anderen.

Wenn zum Beispiel nicht extremistische Parteien und äußere Interessengruppen den Kampf der Israelis und Palästinenser gegeneinander schürten, wenn es zum wirklichen Dialog käme, würden sofort vielfältige Untergruppen entstehen. Daraus entstünde ein Prozess wechselnder Koalitionen und Polarisierungen, Bewegung und ein komplexes Miteinander wären möglich.

Doch genau daran sind die führenden Vertreter und extremistischen Parteien, die ihre Macht vom Krieg ableiten, sowie die äußeren Interessengruppen, die vom Krieg finanziell profitieren, leider nicht interessiert.

Durch konstruktive Dialoge können Brücken über Klüfte entstehen.

Dazu ein Beispiel:

„Der erste Auftrag an das MIT-Dialogprojekt kam von einem Stahlunternehmen. Tarifverhandlungen zwischen der Gewerkschaft und der Geschäftsführung bedrohten das Überleben der Firma. Dialogbegleiter des MIT-Projektes wurden gebeten, einen Dialogprozess mit Arbeitern und Führung zu begleiten. Ein Arbeiter erzählte, dass es vor dem Dialogerlebnis im Stahlwerk üblich gewesen sei, dass sich Arbeiter und Führung bei Verhandlungen an extra breiten Tischen trafen, um zu verhindern, dass sich die Menschen im wahrsten Sinne des Wortes gegenseitig an die Gurgel gingen. Jetzt aber, nach sechs Monaten regelmäßigen Dialogs, trafen sich die beiden Gruppen in einem offenen Stuhlkreis ohne Tische. Das wäre vorher unvorstellbar gewesen."

(Hartkemeyer, M. & J. und Freemann, Dhority L.:
„Miteinander Denken – Das Geheimnis des Dialogs", S. 45 ff.)

Wer einen Dialog führt, erkennt allmählich den Unterschied zwischen dem fort-laufenden Prozess des „Denkens" und den „fertigen Gedanken", die Ergebnisse eines Prozesses sind und als feste Wahrheit, ja als Tatsache erscheinen, weil der Prozess selbst ins Unbewusste verschwunden ist.

„Ein Grossteil des Denkens ist kollektiven Ursprungs; jeder wandelt es indivi-duell ab, aber er schöpft es aus einer kollektiven Quelle. Die Sprache ist zum Beispiel rein kollektiv und ohne Sprache würde es die uns vertraute Form des Denkens nicht geben." *(Bohm, a. a. O., passim)*

„Bohm zufolge ist also ein kollektives Lernen nicht nur möglich, sondern uner-lässlich, damit wir die Möglichkeiten der menschlichen Intelligenz ausschöpfen können." *(Senge, a. a. O., S. 294 ff.)*

Einen Dialog zu führen heißt, ständig achtsam zu sein für das, was ich tue, wie meine Gedanken, Vorstellungen, Gefühle entstehen, was und wie ich etwas sage usw. Was wir innere Achtsamkeit nennen nennt Bohm „propriozeptive Achtsam-keit" – so wie die propriozeptive Wahrnehmung unserer Bewegungen, während wir sie ausführen – also Achtsamkeit nicht in Momenten stiller Versenkung, sondern in Aktion. So werden Auseinandersetzungen, Meetings und Verhand-lung zu bereichernden Begegnungen. Nicht nur allein das: Im Dialog wird der ganzen Vielschichtigkeit der Fragestellung Raum gegeben. Entscheidungen werden nicht aufgrund verengter Sichtweisen Einzelner getroffen.

Die Dialoggruppe ist ein komplexes System und bringt Lösungen hervor, die über die Summe der Sichtweisen der Teilnehmer hinauswachsen. Zudem bringt sie konfligierende Positionen Einzelner auf einer höheren Ebene miteinander in Beziehung. Ilya Prygogine, Nobelpreisträger für Physik, hat dieses Phänomen als Grundprinzip physikalischer Vorgänge beschrieben. Über den geistigen Hintergrund der Einsichten z. B. von Bohm und Prygogine findet sich einiges im Anhang der Zusammenfassung von Stephen Jaworskis „Synchronicity".

8.2.2 Groupfield

Der Dialogprozess erfordert hohe Toleranz für Unterschiede. Die Beteiligten kommen an den Punkt, eigene Vorstellungen zu relativieren und sie mit denen von anderen gleichwertig als Annahmen zu sehen.

Viele Menschen identifizieren sich jedoch mit ihren Vorstellungen: „Meine Gedanken, meine Werte, meine Ziele, das bin doch ich – wer bin ich denn sonst?!" Ihre Annahmen dienen als Schutzschild, um ihre Identität gegen andere abzusichern. Sie leben in dem Glauben, sie seien in ihrem Denken von anderen getrennt und müssten ihre Vorstellungen schützen und verteidigen wie eine Burg. Kaum ein Mensch gibt freiwillig eine Sicherheit auf, wenn er nicht eine andere, größere dafür bekommt.

Im Groupfield-Prozess, einer Gruppen und Teamarbeit, die in den USA von Yvonne Agazarian begründet und von Dyrian Benz-Chartrand weiterentwickelt wurde, kann jeder Teilnehmer und jede Teilnehmerin sich als Teil eines lebendigen Systems erfahren. Ich erlebe meine Positionen, Vor und Einstellungen sowie meine Gefühle nicht als unveränderliche Konstanten, die ich fertig mitgebracht habe und unverändert wieder mitnehme, sondern als in ständiger Bewegung und Veränderung befindlich. Ich erlebe sie als Reaktion auf die Äußerungen anderer, mit denen ich mal koaliere oder von denen ich mich ein anderes Mal besonders abgrenze.

Wenn ich mich nun in den Fluss des Groupfield-Prozesses einlasse, indem ich äußere, was ich wirklich in diesem Moment denke, fühle, will und nicht will, erfahre ich mich immer wieder als wechselnden „Untergruppen" angehörend. Dadurch wird evident, dass ich keineswegs in die kleine Burg meiner Vorstellungen zurückgedrängt, sondern immer in das große System eingebettet und mit der Gruppe verbunden bin. Die Untergruppen können durchaus sich polarisieren und widersprüchliche Positionen vertreten. So ergeben sich Verhärtungen, an denen viele Diskussionen stecken bleiben – aber dadurch werden Unterschiede innerhalb der scheinbar homogenen Untergruppe deutlich, sodass diese sich differenziert und somit Berührungspunkte mit der „Gegenseite" entstehen. Diejenigen Untergruppen, die sich in polarisierten Positionen verhärtet hatten, können nun auf höherer Ebene integriert werden.

Die Gruppe als lebendiges System („Groupfield") ist „emergent" und entwickelt sich zu immer hoheren Komplexitätsstufen weiter. Ein Team, ein Meeting oder andere Runden, die als Groupfield arbeiten, erschließen und entfalten in jedem Moment sehr viel mehr unterschiedliche Möglichkeiten und Potenziale, als Einzelne oder deren Summe produzieren oder erfassen könnten.

Dialogprozess und „Groupfield-Prozess" ergänzen einander. Beides sind Instrumente, mit denen unterschiedliche Potenziale (z. B. in einem Unternehmen) als Reichtum erschlossen werden und divergierende Interessen und Positionen von konfligierenden Gruppen zu Lösungen kommen, die weit mehr sind als ein fauler Kompromiss oder ein Sieg der Mehrheit oder der Stärkeren. Die konfligierenden Positionen der Einzelnen werden auf höherer (Meta-)Ebene miteinander in Beziehung gesetzt.

Eine Frage des Mutes!?

In einigen uns bekannten Unternehmen haben sich Betriebsräte und Geschäftsführer bzw. Vorstände in ausgesprochen unproduktive Situationen gebracht. Beiderseitig herrschen Einstellungen wie Abwertung des Gegenüber, Wut, Enttäuschung, Verletzung, Misstrauen und fehlender Glaube an die Veränderungsfähigkeit des jeweils anderen vor. Dies macht jedes mitbestimmungspflichtige Thema (und da gibt es viele!) langwierig, teuer und oft erfolglos.

So verspielt man nicht selten wichtige Teile der Zukunftsfähigkeit der Organisation. Achtsamkeit und Mut zu neuen Wegen sind gefragt – Ansätze, die neuen Wind und eine andere innere Haltung in die Begegnungen bringen. Für solche Situationen ist der Dialog- oder Groupfield-Prozess eine große Chance.

All die in diesem Kapitel beschriebenen Kompetenzen können gelernt und entwickelt werden. Innere Bereitschaft, Anleitung, Übung und Räume sind erforderlich, in denen überhaupt die Voraussetzungen dafür gegeben sind, in Achtsamkeit zu arbeiten. Dies bedeutet natürlich nicht, dass man immer besondere Bedingungen braucht, um achtsam zu sein.

Für das Hineinfinden und Lernen dieses Prozesses sind die entsprechenden Voraussetzungen jedoch unerlässlich.

Es braucht zwei Tage Zeit und einen versierten Groupfield-Trainer, der die oben beschriebenen Kompetenzen vorlebt.

Eine gute Möglichkeit bieten offene Seminare, gerade weil sie außerhalb des Unternehmens stattfinden: in Räumen frei von Kontrolle, Konkurrenz, Leistungsdruck und Bevormundung (und die dann auch vom ständigen Direktkontakt mit der Firma via Handy und Notebook gelöst sein sollten).

Unternehmen beklagen allerdings oft, dass die Wirkung solcher Seminare schnell verpufft. Dies geschieht freilich dann, wenn die Organisation nicht gleichzeitig eine Entwicklung zulässt, in welcher der Reichtum der neuen Potenziale von Mitarbeitern und Führungskräften seinen Platz findet und gebraucht wird. Wenn das Gelernte also nicht aufgefrischt und weiterentwickelt wird, besitzt die Fortbildung der persönlichen und sozialen Kompetenzen in der Tat nur eine Alibifunktion.

Manche Unternehmen zeigen sich offen für diese Ansätze und sind bereit, die Entwicklung von Persönlichkeiten, Teams sowie der ganzen Organisation gleichzeitig und aufeinander abgestimmt voranzutreiben, sodass auch von Lernbegleitern unterstützte Fortbildungen innerbetrieblicher Teams und Gruppen möglich und unter diesen Voraussetzungen hoch effektiv sind.

8.2.3 Praktische Arbeit mit zwei Modellen: Groupfield und Graves-Modell

Im Kapitel 6.1 „Graves-Modell" wurde unsere Arbeit mit diesem Modell dargestellt.

Mittels spezifizierter Fragebögen erkunden wir

* Eigen- und Fremdeinschätzungen (z. B. der Teammitglieder) zu den Themen/Handlungslogiken Macht, Ordnung, Leistung, Gemeinschaft und Integration,
* ermitteln Kongruenzen und Divergenzen,
* Unter- und Überbesetzung dieser Themen und
* lassen in Gesprächen deutlich werden, welche Handlungslogiken wo abgeschwächt oder verstärkt werden könnten.

Die Diskussion, welche Unternehmenskultur angesteuert werden muss, um sich den zukünftigen Marktherausforderungen zu stellen ist ein wichtiger Beitrag zum Strategieprozess.

In Kombination mit der Groupfield-Methode kann diese Arbeit noch vertieft werden, und zwar in Übungen zu zweit oder dritt.

Ein Partner stellt hierbei immer eine stereotype Frage, z. B.: „Was ist gut daran, Macht zu haben?" und danach die entgegengesetzte Frage: „Was ist nicht gut daran, Macht zu haben?"

Der Gefragte kann sich dabei, ohne vom Fragenden kommentiert oder durch „aktives Zuhören" abgelenkt zu werden, die ganze Spannbreite bewusst machen, die dieses Thema für ihn umfasst.

Nach dieser Vorarbeit können dann eine oder zwei Handlungslogiken, z. B. Macht und/oder Gemeinschaft, zum Thema einer Groupfield-Gruppe werden.

Dabei erleben die Teilnehmer beispielsweise folgendes: Es kristallisiert sich eine Untergruppe mit der Meinung heraus, betriebliches Arbeiten funktioniert nur richtig in Gemeinschaft. Beinahe notwendig polarisiert sich dagegen eine andere Untergruppe, welche die These vertritt, dass Effektivität nur mit Macht erreicht wird. Aber dann bemerken die Untergruppen, wenn sie sich jeweils intern aufeinander beziehen und nicht nur auf den „Gegner", dass dort auch keine Homogenität besteht und unterschiedliche Meinungen vorherrschen.

Der zunächst scheinbar monolithische Block der jeweiligen Untergruppe Macht oder Gemeinschaft differenziert sich aus in verschiedene Untergruppen.

Diese berühren und vermischen sich nun mit den Untergruppen der Gegenseite. Es kommt zu einer Integration auf einer neuen Ebene, auf der deutlich wird: Macht ist manchmal sinnvoll, in anderen Situationen aber Gemeinschaft.

Durch den Prozess der Polarisierung, Differenzierung und Integration wird den Teilnehmenden deutlich, dass sie selbst auch Anteile an der zunächst abgelehnten Position haben. Sie erkennen ihre blinden Flecken, erschließen sich neue Potenziale und verbessern ihr Verständnis für das Anderssein von Kollegen.

8.3 Riemann-Kreuz und Teamrollen nach Belbin

Das Riemann-Kreuz ist ein seit vielen Jahren bekanntes und etabliertes Instrumentarium. Gerade bei den Themen Wertschätzung von Unterschiedlichkeit, Nutzen von Vielfalt und eigene Stärken und Grenzen transportieren erweist es sich aufgrund seiner Einfachheit und Prägnanz als sehr hilfreich. In der Projekt- und Seminarpraxis hat sich die Kombination dieses Tools mit den Teamrollen nach Belbin sehr bewährt, um Team- und Führungsverhalten, aber auch Unterschiede im Kommunikationsverhalten zu verdeutlichen. Beide Konzepte werden nachfolgend kurz skizziert – inklusive einer darauf folgenden Vorstellung der Anwendungsgebiete und -varianten.

8.3.1 Riemann-Kreuz

Der Psychologe Fritz Riemann entwickelte ein Schema, das die Charaktereigenschaften von Menschen bestimmten Persönlichkeitstypen zuordnet.

Demnach lassen sich vier verschiedene menschliche Grundausrichtungen (mit sehr charakteristischen Handlungsweisen) beobachten, die sich den Endpunkten eines Koordinatenkreuzes zuordnen lassen.

Die Nähe- und die Distanzstrebung liegen als gegenüberliegende Pole auf der Raumachse im Kreuz. Auf der (senkrechten) Zeitachse liegen die Pole Wechsel und Dauer. Raum und Zeit sind hier grundlegende Kriterien, nach denen sich Menschen im Umgang miteinander unterscheiden.

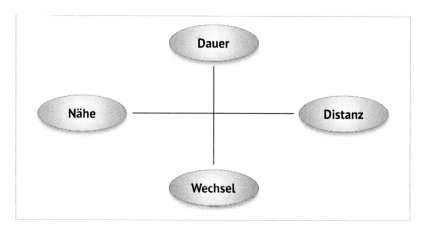

Abb. 29: Riemann-Kreuz

Was steht hinter den Begriffen Nähe, Distanz, Wechsel und Dauer?
Wir werden diese zunächst einmal in Reinkultur anhand einiger Merkmale beschreiben.
Der „Scheinwerfer" ist dabei auf das Arbeitsleben, die Zusammenarbeit und Führungssituationen gerichtet. Dabei sei erwähnt, dass diese vier Persönlichkeitstypen in der Wirklichkeit nicht in dieser isoliertem „lupenreinen" Form existieren. Vielmehr stecken diese vier Grundstrebungen jeweils als „Mix" in uns allen.

1) **Jeder von uns hat das Bedürfnis nach Nähe –**
   manche mehr, manche weniger:
   * Einem Nähe-Menschen ist ein gutes Klima wichtig.
     Er will es sich mit niemandem verderben und sucht das Vertrauen sowie den Kontakt zu anderen Menschen.
   * Teamsitzungen, Teamentscheidungen und Teamlösungen haben für ihn eine hohe Relevanz. Dabei zeigt er sich geduldig und selbstlos, denkt erst an andere, dann an sich.
     Ihm geht es mehr um die Vermittlung von Interessen und Standpunkten anderer.

- Trotz allem ist dem Nähe-Menschen in der Arbeitsgestaltung die Effektivität wichtig und dass man das Richtige, Sinnvolle, was allen Beteiligten hilft, tut.
- Treten Schwierigkeiten auf, fällt einem Nähe-Mensch „kein Zacken aus der Krone", wenn er andere um Rat fragt.
- Harmonie ist einem Menschen mit Streben nach Nähe viel wert. Dementsprechend schwer fällt es ihm, Nein zu sagen oder andere zu kritisieren. Auch das Delegieren ist ihm eher unangenehm.
- Nähe-Menschen sind warmherzig, zeigen Mitgefühl und Anteilnahme, können sich gut in andere Menschen einfühlen und äußern meist Verständnis für andere Positionen. Sie wirken sehr ausgleichend.
- Seine Mitarbeiter motiviert der Nähe-Mensch durch Lob und Förderung.
- Ihm ist es wichtig, dass es friedlich zugeht. Er versucht, Konflikte zu vermeiden, denn er leidet unter Streitatmosphäre. Tritt dennoch ein Konflikt auf, so versucht er zu vermitteln und übernimmt u. U. auch selbst Teillasten, um zur Lösung beizutragen.
- Nähe-Menschen sind im hohen Maße teamfähig, kontakt- und kooperationsfähig.

2) Jeder von uns hat das Bedürfnis nach Distanz – manche mehr, manche weniger:
- Es ist nicht so, dass dem Distanz-Menschen ein harmonisches Arbeitsleben nicht wichtig wäre.
  Er ist hierauf allerdings nicht angewiesen, weil er sich zum Arbeiten sowieso am liebsten zurückzieht.
- Ein Mensch mit Distanzstrebung arbeitet am liebsten allein.
  Wenn Zusammenarbeit notwendig ist, versucht er, die Arbeit so aufzuteilen, dass jeder seinen Teil wieder allein machen kann und auch selbst verantworten muss.
  Dieses Vorgehen resultiert aus seinen Erfahrungen.
- Selbstbestimmung und Individualität sind ihm wichtig.
  Er hat einen starken Drang nach Unabhängigkeit und innerer Freiheit, möchte so autark wie möglich sein.
  Je größer die Distanz, desto angenehmer ist es ihm.
- So versucht er, das Zwischenmenschliche zu versachlichen („keine Sentimentalitäten").
  Ihm geht es um Gefühls- und Ausdrucksbeherrschung und er zieht eine scharfe Trennung zwischen Beruf und Privatleben.

- Innerlich ist er grundsätzlich stets bereit, sich gegen plötzliche Überraschungen abzuschirmen. Daraus lässt sich ableiten, dass es ihm nicht schwerfällt, Nein zu sagen.
- Wenn er nicht weiterkommt, holt er nicht gern Rat bei anderen, sondern versucht, sich selbst zu helfen.
Zudem delegiert er auch nicht gern, weil es im Endeffekt dann doch niemand so gut macht wie er selbst.
- Zur Motivation seiner Mitarbeiter setzt eine Führungskraft mit Distanzstrebung Ziele und Termine.
Kritik kommt sachlich, keine Kritik bedeutet Lob.
- In der Arbeitsgestaltung ist ihm Effizienz wichtig: Das, was man tut, hat man auch richtig zu tun.
- Von Konflikten zwischen seinen Mitarbeitern möchte er nicht betroffen sein und vertritt hier die Auffassung: „Die sind erwachsen genug, um es unter sich zu regeln!"
- Distanz-Menschen sind eigenständig, konflikt- und entscheidungsfähig. Sie vertreten selbstbewusst, klar und kompromisslos ihre Überzeugung und strahlen aus: „Ich weiß, was richtig ist."
- Distanz-Menschen sind hochsensitiv und mit einer scharfen Beobachtungsgabe ausgestattet. Mit kritischem Blick für Tatsachen erledigen sie mit kühler Sachlichkeit, ganz rational und logisch ihre Aufgaben.

3) **Jeder von uns hat das Bedürfnis nach Wechsel – manche mehr, manche weniger:**
- Für Menschen mit einer ausgeprägten Wechselstrebung stehen an erster Stelle die Abwechslung, die Spontanität, die Improvisation, die Begeisterung und der Wandel.
- Sie suchen die Spannung, das Risiko, haben Unternehmungsgeist und sind impulsiv.
- Das Neue hat für einen Wechsel-Menschen einen unwiderstehlichen Reiz, das Unbekannte zieht ihn magisch an.
- Ein Wechsel-Mensch ist aufgeschlossen für Neuerungen und immer bereit, sich zu wandeln, Veränderungen und Entwicklung zu bejahen, Vertrautes aufzugeben.
- Er ist elastisch und auf den Augenblick ausgerichtet (das Hier und Jetzt zählt).
- Ihm ist ein problemlos-heiteres, locker-kollegiales und untragisches Arbeitsklima wichtig, damit er kreativ sein und Routinearbeiten ertragen kann.

Regelmäßige Sitzungen, womöglich noch mit Tagesordnungen, findet er kleinkariert – wenn schon, dann nach Bedarf, informell, kurz und bündig.

- Er liebt die ständige Abwechslung.
  Er will Freiheit und Variation, Regeln und Konzepte engen ihn dagegen ein.
- Rat und Hilfe von anderen braucht der Wechsel-Mensch nicht, weil er selbst nur so vor Ideen sprüht.
- Eine Führungskraft mit Wechselstrebung delegiert gern zwischen Tür und Angel und will nicht als autoritärer Befehlshaber dastehen.
- Seine Mitarbeiter motiviert er durch Mitreißen und Begeistern und fördert sie großzügig.
- Konflikte hat er nicht gern, denn diese zerstören in seinen Augen die oberflächlich lustige Arbeitsatmosphäre. Am liebsten delegiert er das Durchstehen des Konflikts oder schwatzt diesen einfach mit Engelszungen hinweg.
- Ein Mensch mit dieser Grundausrichtung ist lebhaft, spontan und charmant, will persönlich wirken und steht gern im Mittelpunkt. Er möchte bewundert und anerkannt werden.
- Wechsel-Menschen haben Improvisationstalent, verfügen über eine ausgeprägte innere Wendigkeit und Flexibilität, sind kontaktfreudig, innovations- und zukunftsorientiert.

**4) Jeder von uns hat das Bedürfnis nach Dauer –
manche mehr, manche weniger:**
- Für Menschen mit einer ausgeprägten Dauerstrebung sind Werte wie Stabilität, Verlässlichkeit, Voraussicht und Regeln von größter Bedeutung.
- Die Dauer-Tendenz ist die Heimat des Zeitmanagements.
  Der Dauer-Mensch hat seine Termine, Fristen und den Aufwand, den er zur deren Einhaltung braucht, ständig im Blick und im Griff.
- Sein Wunsch ist eine feste, verlässliche Zukunft. Alles Neue empfindet er als Wagnis und das Planen ins Ungewisse ist ihm eher ein Gräuel. Vielmehr mag er präzise Planungen und Konzepte, am liebsten hat er alles schwarz auf weiß, kontrollier- und beweisbar.
- Bei Schwierigkeiten analysiert er die Situation und sucht nach Ursachen, Verantwortlichen und Konsequenzen.
- Gegenseitige Kontrolle empfindet er als selbstverständlich und nicht als Eingriff.

Auch das Belehren anderer geschieht bei ihm in bester Absicht, nämlich um ihnen zu helfen.

- Wenn es um Entscheidungen geht, zögert er allerdings, da er sich doch zunächst lieber absichern will.
- Ein gutes Arbeitsklima ist für ihn die logische Konsequenz eines geordneten und ordentlich eingehaltenen Miteinanders.
- Als Führungskraft kann der Dauer-Mensch gut Aufträge erteilen und delegieren. Das findet er normal und sinnvoll.
- Er ist konsequent. Ein Nein bleibt bei ihm ein Nein.
- Zur Motivation seiner Mitarbeiter stellt er eine Belohnung in Aussicht. Er hilft ihnen beim Durchhalten.
- Er fördert seine Mitarbeiter sehr sorgsam, wenn es der Gesamtorganisation nützt.
- Konflikte regen ihn auf, da sie aus seiner Sichtweise nichts nützen und unangebracht sind. Auch wenn so etwas eigentlich gar nicht vorkommen sollte, fühlt er sich jedoch dazu aufgefordert, der Sache auf den Grund zu gehen, um dann Gegenmaßnahmen zu ergreifen.
- Dauer-Menschen zeichnen sich durch Ehrgeiz, Ausdauer, Hartnäckigkeit und falls nötig auch Streitbarkeit aus. Sie sind verantwortungsbewusst, ordentlich, gründlich, gewissenhaft, haben Organisationstalent, sind beständig und zuverlässig.

Jeder kennt diese vier Grundausrichtungen von sich selbst. Unsere individuellen Persönlichkeiten unterscheiden sich lediglich dadurch voneinander, dass wir an einem unterschiedlichen Punkt im Riemann-Kreuz die eigene „Komfortzone" haben.

Entsprechend diesen vier Tendenzen haben Menschen einen unterschiedlichen Kommunikations-, Arbeits- und Organisationsstil. Sie haben verschiedene Werthaltungen und zeigen individuelle Reaktionen in Stresssituationen und Konflikten.

Unabhängig davon, wo jeder seine persönliche Einordnung vornimmt und wo er seinen eigenen Persönlichkeitsschwerpunkt sieht, betont Riemann zu Recht, dass es dabei kein GUT oder SCHLECHT, kein RICHTIG oder FALSCH gibt, sondern dass alle vier Grundausrichtungen wichtig und nützlich für verschiedene Lebensbedürfnisse sind. Im zwischenmenschlichen Kontakt geht es z. B. in stärkerem Maße darum, mit Unterschieden umgehen zu lernen.

Dies ist wirkungsvoller als sie zu verkleinern oder zu vermeiden, indem man z. B. nur noch Kontakt zu Gleichartigen sucht. Im übrigen ist dies eine eher erfolglose Strategie, da selbst kleinste Unterschiede zwischen zwei (oder natürlich auch mehreren) Individuen bei fehlender Akzeptanz ein großes Konfliktpotenzial beinhalten können.

Riemann versteht seine Typologisierung nicht als ein endgültiges Schema, dem eine Person nicht mehr entrinnen kann – Entwicklung bildet sich natürlich auch hier ab.

8.3.2 Teamrollen nach Belbin

In der Praxis hat sich das Riemann-Kreuz in Kombination mit den Teamrollen nach Belbin sehr bewährt, wobei bei unserer Tätigkeit nur ein Ausschnitt dieser definierten Rollen zum Einsatz kommt.

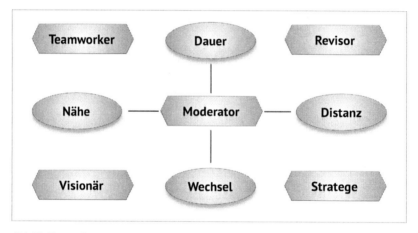

Abb. 30: Teamrollen nach Belbin

Um eine schnelle Einführung der Belbin-Rollen zu geben, hat sich die Erläuterung am Beispiel einer bemannten Marsfahrt bewährt. Zugegebenermaßen etwas überzeichnet, aber dafür einleuchtend!

Der Visionär:

Sehr emotional: „Leute, wir können Geschichte schreiben! Bemannte Marsfahrt – da kann jeder von euch sein Bestes geben. Ich weiß zwar noch nicht genau wie, aber wir müssen da rauf!"

Der Stratege:

Sachlich ruhig: „Nach den Fortschritten, die wir im Rahmen einer strategischen Allianz und der Bündelung aller Kräfte erreicht haben, und wenn Sie dann sehen, welche Meilensteine noch vor uns stehen – meine Damen und Herren: Wir werden den Mars erreichen!"

Der Revisor:

„Nach den Prüfberichten, die mir vorliegen und nach den Testaten des letzten Audits, die allen Anforderungen der ISO 9001 genügten – wenn nun noch die nächsten Planungsschritte in der Fläche mit der gleichen Qualität erbracht werden wie die bisherigen – dann sehe ich keinen Grund, den Mars nicht zu erreichen."

Der Teamworker:

„Ich werde ihnen jetzt unsere Teameinschätzung präsentieren. Wenn ich etwas vergessen sollte, bitte ich meine Teamkollegen um Ergänzung. Wir sind in dieser personellen Zusammensetzung schon lange zusammen und beherrschen unsere Themen. Wenn diese Konstellation stabil bleibt – Mars, Jupiter, Venus: Egal, wir kommen überall hin!"

Der Moderator:

„Meine Damen und Herren, für das, was vor uns steht, wird es wichtig sein, die betroffenen Personen an den noch offenen Themen gemeinsam arbeiten zu lassen. Beispielsweise wäre es für die offenen Finanzierungsfragen gut, wenn der Finanzbereich und unsere Unternehmenskommunikation eine Veranstaltung für Sponsoren konzipieren würden. Wenn wir immer die richtigen Leute an einen Tisch bekommen, werden wir den Mars erreichen."

8.3.3 Anwendungsbeispiele

Im Coaching

Nach der einführenden Erläuterung des Riemann-Kreuzes (siehe Kapitel 8.3.1) gibt es zur Weiterführung des Coachings häufig genutzte Varianten, die kreativ kombiniert und ergänzt werden können.

Durch das Setzen eines Kreuzchens des Coachies innerhalb der vier Felder für den eigenen Schwerpunkt (Komfortzone) ergeben sich Möglichkeiten zum Feedback. Bei Konfliktkonstellationen kann neben dem Eigenbild auch das Fremdbild des Konfliktpartners übertragen werden – oder aber auch eine Teamkonstellation. Für den „blinden Fleck" (Johari-Fenster): Wie ist pro Quadrant Erfolg definiert? Wie und womit kann ich motivieren?

Wenn ich z. B. Projektergebnisse erfolgreich vermitteln will, worauf muss ich achten? Differenzierte Beurteilung nach den Belbin-Rollen.

In der Teamentwicklung

Folgendes Setting hat sich vielfach bewährt:
- Sie erläutern das Riemann-Kreuz, inklusive Verständnisfragen. Benötigte Zeit: ca. 10 bis 20 Minuten.
- Bitten Sie alle, ein Riemann-Kreuz auf einem Blatt Papier aufzuzeichnen und ihr Eigenbild sowie die Fremdbilder aller Teammitglieder einzutragen (je ein Kreuzchen pro Teammitglied).
- Sie bitten diejenigen, die bereits fertig sind, die Fremdbilder auf eine Metaplanwand (Anzahl Riemannkreuze = Anzahl Teammitglieder, namentlich beschriftet) zu übertragen. Drehen Sie die Metaplanwand dazu von den Teilnehmern weg, das schafft etwas Schutz und hilft zudem, nicht gewollte „Orientierungen" zu vermeiden. Das Selbstbild bleibt auf dem eigenen Papier und wird nicht übertragen!
- Ist alles andere übertragen, fragen Sie den ersten im Team, zu welchem der Kreuze er gern Feedback haben möchte, welches die Teammitglieder dann äußern. Die Feedbackregeln sind bekannt. Zusätzlich können Sie darauf hinweisen, dass Feedback wie z. B. „So bist du halt!" nicht sehr informativ ist. Anders ausgedrückt: Es geht um beschreibende Erläuterungen und/oder Beispiele. Am Ende des Feedbacks wird das Eigenbild auf einem separaten Flipchart in ein Riemann-Kreuz eingetragen.

- Das nächste Teammitglied ist nach demselben Ablauf an der Reihe.
- Dann werden die Belbin-Rollen eingeführt (siehe Kapitel 8.3.2).
- Frage an die Gruppe bzgl. der Eigenbild-Teamkonstellation:
  Was fällt Ihnen auf? Was heißt das für die Praxis?
- Abschließend wird im Rahmen der Eigenbilder Feedback
  zur aktuellen Teamkonstellation gegeben:
- Was fällt diesem Team eher leicht?
- Worauf muss es eher aufpassen?

8.4 Antityp / Teufelskreise / Wertequadrat

In der Arbeit mit den nachfolgenden Modellen ist, das Potenzial das in Unterschiedlichkeit liegt, in der Arbeit mit Einzelnen zu sehen und freizusetzen.

Eine praktische Übung
Anleitung zur Erarbeitung des persönlichen Antityps:
- Wie könnte er/sie aussehen? Malen, skizzieren, zeichnen Sie ihn!
  Geben Sie ihm einen „Codenamen"!
- Was könnten seine/ihre ersten Worte sein?
- Wie könnte seine/ihre Botschaft lauten? („Sei so oder sei so!")
- An welchen Geruch/Geschmack erinnert er/sie Sie?
- Welches Körpergefühl löst er/sie bei Ihnen aus? Wo genau, was genau?
- Welcher „alte Film" gehört dazu?
- Wie „klingt die Tonspur"?

Die Übungsfolge zum Antitypen
Allein:
Nehmen Sie eine Pinnwand, lassen Sie eine Hälfte frei (die freie Hälfte brauchen sie dann für den zweiten Schritt). Auf der anderen Hälfte beschreiben Sie den Antityp skizzenhaft. Zeit ca. 30 Minuten.

Zu zweit:
Stellen Sie sich gegenseitig vor und tauschen Sie sich aus. Bringen Sie Tiefe in das Gespräch durch Nachfragen. Zeit: ca. 30 Minuten.

Wenn diese beiden Arbeitsschritte abgeschlossen sind, geht es um den Austausch und das Lernen. Der Leitgedanke dabei ist: Antitypen sind nicht dazu da, um unter ihnen zu leiden, sondern um durch sie zu lernen.

Tatsächlich hat sich in der Praxis gezeigt, dass sie die aktuell größte Lernchance darstellen.

Um diesen Leitgedanken zu realisieren, sollten folgende Fragen zu zweit bearbeitet werden, und die Antworten auf der freien Hälfte der Pinnwand mitprotokolliert werden:

* Wenn ich mich auf ihn/sie einlassen würde:
  Welche seiner Eigenschaften könnten Auslöser sein
  für meine eigenen neuen Lern- und Entwicklungsmöglichkeiten?
* Was tut er/sie für sich Gutes, wenn er dies oder jenes macht?
* Was ist der Nutzen für ihn/sie?
* Was muss jemand erlebt haben, um sich so zu verhalten?
* Welche meiner Fähigkeiten fordert er/sie heraus
  (Fähigkeiten, die ich schon habe oder die ich noch entwickeln muss)?
* Was lerne und entwickle ich gerade durch ihn/sie?

Um den Austausch zusätzlich zu intensivieren, hat es sich bewährt, für die Eigenschaften des Antityps die am meisten beschäftigten Wertequadrate zu bilden. Das Modell der Wertequadrate finden Sie bei Schulz von Thun in seinem Buch „Miteinander reden II" ausführlich beschrieben. Der Grundgedanke ist, dass es keine Tugend ohne Gegentugend gibt. Beim Thema Umgang mit Geld steht z. B. großzügig im positiven Spannungsverhältnis zu sparsam.
Doch jede Tugend lässt sich übertreiben. Schulz von Thun nennt dies die „entwertende Übertreibung".
So wird großzügig zu verschwenderisch und sparsam zu knauserig.

Ausgehend von der negativen Eigenschaft des Antitypen (oder mehreren, dann sind es auch mehrere Wertequadrate), wird jetzt das Wertequadrat gebildet. Dabei benötigt die Person Unterstützung, deren Antityp gerade bearbeitet wird, denn alleingelassen kommt man an dieser Stelle kaum weiter.
Steht das Wertequadrat, stellt sich die interessante Frage, auf welcher seiner Seiten ich stehe. Besteht dabei für mich ggf. die Gefahr zu übertreiben?
Was ist meine Entwicklungsrichtung?

8.5 Ursprungsordnung / Organisationsaufstellungen (äußeres / inneres Team)

Die Erkenntniskritik Immanuel Kants kam zu den Schluss, dass ein objektives Erkennen der Wirklichkeit nicht möglich sei, denn sie ist immer an die „Bedingungen der Möglichkeit, Erkenntnisse zu haben" gebunden, als da wären: die menschlichen Formen der Anschauung, Raum und Zeit sowie die grundlegenden Kategorien unseres Verstandes, z. B. Ursache und Wirkung.

Im 20. Jahrhundert wurde der Erkenntnisskeptizismus zum Konstruktivismus weiterentwickelt, so z. B. durch Foerster in „Die Wahrheit ist die Erfindung eines Lügners".
Demnach hat nicht nur jeder Mensch seine ganz individuelle Weltsicht, sondern schafft, konstruiert aus seinen Wahrnehmungsdispositionen und Erkenntnisinteressen, „seine Wirklichkeit". Keiner kann somit behaupten, die eine „wirkliche Wirklichkeit" zu kennen.
Neben dem absoluten Konstruktivismus, der keine allgemein geltende Wirklichkeit anerkennt, gibt es den relativen Konstruktivismus, der eine Fülle von praktischen Erfahrungen berücksichtigt, die allen Menschen gemein sind (wir werden z. B. geboren, altern, sterben und viele andere Erfahrungen).
Auch die Sprache, die unseren persönlichen Erfahrungen vorausgeht und in der wir sie erst ausdrücken und verstehen können, sei schließlich ein Beleg dafür, dass es neben den jeweiligen individuellen Konstrukten allgemeine Wirklichkeiten geben muss.

Ein abgemilderter Konstruktivismus kann eine große Bereicherung sein.
Er macht deutlich, dass niemand die absolute Wahrheit weiß, ja, noch nicht einmal behaupten kann, die Wirklichkeit objektiv zu erkennen.
Wenn man sich dies klarmacht, wird es leichter und beinahe selbstverständlich, unterschiedliche Sichtweisen sowie überhaupt Unterschiede zu akzeptieren und produktiv mit ihnen umzugehen. Dann erst werden Dialog und Teamarbeit möglich und sinnvoll.

Der konstruktivistische Ansatz ist eine wichtige Grundlage systemischer Theorien und Modelle. Demzufolge gibt es nicht eine objektive Beziehung zwischen Führungskraft und Mitarbeiter, sondern für beide existiert nur die jeweils ganz subjektive Sicht: Der Mitarbeiter erlebt die Beziehung vor dem Hintergrund seiner Wahrnehmung und seines Verständnisses der Führungskraft, nicht aus deren wirklichem Sein. Und diese Wahrnehmung hat ihren Ursprung wiederum in der Wechselwirkung des Mitarbeiters mit der Führungskraft und vielen anderen Menschen, Kräften usw.

So gibt es keine Ursache-Wirkung-Bezüge, sondern nur reziproke, zyklische oder spiralförmige Prozesse zwischen Menschen und verschiedenen Umweltfaktoren.

Auf der Basis systemischen Denkens sind viele Konzepte und Arbeitsansätze für Berater und Führungskräfte entstanden. Wir möchten auf zwei davon kurz eingehen.

Ausgehend von Virginia Satir wird in der Familientherapie seit vielen Jahrzehnten nach der Methode gearbeitet, dass Familien von ihren Mitgliedern aufgestellt werden, um zu verdeutlichen, wie das System Familie aus verschiedenen Perspektiven erlebt wird und wie sich durch Umstellungen Lösungen finden lassen. (Menschen/Figuren nehmen Positionen im Raum ein; sie werden vom Fallgeber „aufgestellt" - wobei die Entfernung zwischen Personen und die Blickrichtung der Person/Figur, Nähe bzw. Distanz ausdrücken).

Bert Hellinger entwickelte diesen Ansatz des Familien- und Organisationsstellens sehr spezifisch weiter und führte große Neuerungen ein: Er lässt Familien und andere Systeme, z. B. Organisationen, zwar von dem Protagonisten aufstellen, aber nicht mit den wirklich Beteiligten, sondern mit Vertretern wie z. B. Seminarteilnehmern.

Hellinger bezieht zudem Personen mit ein, die etwa längst aus dem Unternehmen ausgeschieden, eventuell bereits lange tot sind. Seine These ist, dass aus den Aufstellungen deutlich wird, dass das System nicht nur durch die unterschiedlichen Perspektiven der Menschen im System bestimmt wird – sondern dass es zu Störungen kommt, wenn das System von einer „richtigen", schicksalsmäßig geltenden „Ursprungsordnung" abweicht.

Die Arbeit mit dem Aufstellen belegt, wie real das Vielperspektivische eines Systems ist. Die Wahrnehmungen, Vorstellungen und Gefühle, die ein „Aufgestellter" erlebt, sind weitgehend unabhängig von der jeweiligen Person, sondern wesentlich bestimmt von dem Platz innerhalb eines Systems, an dem sie steht. (Dieses rätselhafte Phänomen ist inzwischen nicht nur durch die Praxis, sondern auch wissenschaftlich bestätigt.)

Inzwischen wurde die Vorstellung, dass jeder Mensch, z. B. jeder Vertreter eines Teams, seine eigene Wirklichkeit sieht bzw. sogar konstruiert, weiterentwickelt zu der Vorstellung von einem „Inneren Team" (z. B. Schulz von Thun, „Miteinander Reden III").

Danach trägt jeder in sich selbst eine Vielzahl von Stimmen, Positionen, Anteilen, die die Welt unterschiedlich wahrnehmen und erleben. Oft bekämpfen sich diese Anteile unter einander, sodass die Person, die sie in sich trägt, dann nicht weiß, wie sie sich verhalten und entscheiden soll. Hier kann es oft klärend sein, mit Rollenspielen zu arbeiten oder solche Anteile des „Inneren Teams" mit Stellvertretern aufzustellen. Das ganze komplexe System des „Inneren Teams" kann so verdeutlicht und Lösungen und Entscheidungen können gefunden werden.

9 Anhang
Beispiel für „Führen in der integrativen Phase"

Der Lernweg von Joseph Jaworski

Jaworski stellt in seinem Buch „The inner Path of Leadership" seine eigene Entwicklung dar: Vom angepassten Karriereanwalt hin zu einem Verfechter und Lehrer der Haltung von innerem, geistigem Leadership.

Er schildert im Wesentlichen die Erfahrungen, Einsichten und theoretischen Ansätze, die ihn einen Führungsstil vertreten lassen, wie wir ihn in Kapitel 7.5 „Führen in der integrativen Phase" kurz dargestellt haben.

Wie sich eine Führungshaltung aus der sehr persönlichen Geschichte des Autors entwickelt hat, mag für manche Leser ähnlich spannend sein wie für uns. Deshalb haben wir das amerikanische Original kurz zusammengefasst.

Den ersten und zweiten Teil, seinen Weg zur Reife, haben wir bereits im entsprechenden Kapitel 5.3 „Reife" eingeblendet. Den dritten Teil, in dem es um die Entstehung der Konzepte des „Inner Path of Leadership" geht, finden Sie hier im Anhang.

In der Einleitung zu dem Buch von Jaworski beschreibt Peter Senge seinen eigenen Erfahrungsweg zu dieser Leadership-Haltung. Senge kannte bis dahin nur ein gutes Buch über Leadership von Robert K. Greenleaf: „Servant Leadership". Greenleaf stellt heraus, Leadership müsse sich auf einer Haltung von Sein statt Tun gründen und auf der Entscheidung, den Mitarbeitern zu dienen. Jaworski geht einen Schritt weiter und meint, es gehe um die Entscheidung, dem Leben zu dienen.

Hier ein Auszug:

„Meine Kompetenz als Leader kommt von meiner Wahl, dem Leben zu erlauben, sich durch mich zu entfalten. Wir im Westen glauben, Leadership sei eine Qualität von wenigen. Wir suchen nach besonderen Individuen mit Leadership-Potenzial, statt dass wir dieses Potenzial in jedermann entwickeln.

Bei unserer zwanghaften Beschäftigung mit dem Verhalten von Führungskräften gegenüber den Mitarbeitern vergessen wir, dass es bei Leadership darum geht: Wie gestalten wir die Zukunft? Leadership gibt es da, wo Menschen nicht länger Opfer der Umstände sind, sondern am Schaffen und Gestalten der Umstände teilhaben. Wenn man an einem solchen Platz ist, kommt man zu dem Verständnis, wie das Universum wirklich funktioniert.

Da die Begegnung mit David Bohm entscheidend für Jaworski wurde, beschreibt Senge sein eigenes Zusammentreffen mit Bohm 1989.

Senge beschäftigte sich im MIT mit dem Phänomen, wie eine Gruppe von Menschen anfängt, als ein Ganzes zu funktionieren. Er dachte dabei an Phänomene wie das spontane Zusammenwirken, das Jazzmusiker „beeing in the groove" oder „in the zone" nennen. Ihm war klar, dass Theorien, die auf individuellen Verhaltensänderungen, auf rein interpersonellen Interaktionen oder auf Verhaltensmustern in Gruppen basieren, inadäquat sind.

Auf der Dialogveranstaltung mit Bohm erkennt Senge, dass dieser den Ansatz der Interdependenz von Individuen verlassen hat und zur Ganzheit übergangen ist. Ganzheit existiert jedoch „implizit", d. h. sie ist gewissermaßen unterschwellig vorhanden. Wenn wir uns aber bei einer Arbeit engagieren, die zutiefst bedeutsam ist und aufeinander eingestimmt sind – genauso wie die Jazzmusiker „in the groove" – können wir andere Menschen in die Entfaltung der impliziten Ganzheit mitnehmen und sie auf eine explizite manifeste Ebene heben (vgl. das Buch von David Bohm: „Ganzheit und die implizite Ordnung").

Die meisten von uns nehmen die Welt nicht so wahr, wie sie ist. Zumeist sehen wir sie durch die Brille unserer Vorstellungen, Wünsche usw.. Könnten wir die Wirklichkeit in größerem Maße sehen, wie sie ist, würde offenkundig, welche Handlungen gerade angemessen wären. Wir würden nicht aus unserer Geschichte, aus unseren Bedürfnissen, aus unseren rein reaktiven Interpretationen heraus handeln, sondern genau das tun, was Bohm „Teilnahme an der Entfaltung" nennt.

Jaworski meint, dass unsere Zukunft in kaum vorstellbarer Weise gestaltet werden kann. Wir müssen für große Bewusstseinswandel offen sein, z. B. den

Paradigmenwechsel von einer Sicht der Welt als einer Welt von Dingen mit gesetzmäßigen, unabänderlichen Ursache-Wirkung-Beziehungen hin zu der Sicht, dass die Welt offen und fließend ist und aus Beziehungen besteht. Dann ist erkennbar, dass wir in einer Welt von Möglichkeiten leben. In der Regel wird geglaubt, dass die Zukunft festliegt, wir ohnmächtig sind und resignieren müssen – dies wird dann zu einer self-fulfilling prophecy.

In unserer Vorstellung, festgelegt und auf uns zurückgeworfen zu sein, unterdrücken wir das Leben in uns und grenzen uns gegenüber anderen ab.
Wenn fundamentaler Bewusstseinswandel geschaffen wird, ändert sich das Gefühl von Identität. Wir beginnen, einander als legitime menschliche Wesen zu akzeptieren; uns als Teil der Entfaltung einer impliziten Ordnung des Lebens zu sehen und erkennen die Unmöglichkeit, dass wir in und mit unserem Leben keinen Sinn haben. Wenn wir aus solchen Bewusstseinszustand heraus handeln, bekommen Engagement (commitment) und Verpflichtung einen ganz anderen Sinn; d. h. im Sein und nicht im Tun verhaftet.
Wir verlieren dieses Engagement nur, sobald man in die Illusion zurückfällt, nicht an der Entfaltung des Lebens teilzunehmen.

Manchmal ist die beste Art, aus Engagement bzw. Verpflichtung zu handeln nichts weiter, als dazusitzen und zu warten bis man weiß, was man als Nächstes tun wird. Heutzutage würden Manager mit solch einer Haltung als Nichtmanager angesehen werden, da sie nichts tun, um Probleme zu lösen.
Oft sehen wir, dass Leute in Organisationen den Eindruck erwecken, sie könnten eine Veränderung herbeiführen, nur um ihre bedeutungslose Aktivität zu rechtfertigen. Einerseits glauben sie, sie können gar nichts ausrichten, andererseits bauen sie eine Geschichte auf, die ausdrücken soll: „Ich kann es machen!"
Wenn dagegen diese neue Art, Verpflichtung zu leben, beginnt, ist ein Fluss um uns herum und die Dinge scheinen einfach zu passieren.

Soweit Peter Senge in seiner Einleitung. Fahren wir fort mit der Zusammenfassung des dritten Teils von „Synchronicity":

Jaworski begegnet Charles Kiefer und Peter Senge, die ihm helfen, das Curriculum für das Leadership-Forum zu entwickeln. Wieder geschieht alles wie von selbst und in weniger als drei Wochen hat er die ersten 750.000 Dollar für das neue Institut gesammelt. Zentrales Thema ist für ihn dabei, dass die Leader die Illusion des Getrenntseins überwinden und sie in einen echten Dialog treten.

Einen wichtigen Teil des Curriculums bilden Outdoortrainings.
Die Überlebenstrainingsseminare (Outward Bound Movement) gehen zurück auf Kurt Hahn, der im Zweiten Weltkrieg folgendes Phänomen studierte: Wurden englische Schiffe von Deutschen torpediert, starben viele Matrosen in dem kaltem Nordseewasser, bevor Hilfe kam. Das Eigenartige war jedoch, dass vor allem die Jüngeren, körperlich offenkundig fitteren starben und die Älteren überlebten.
Hahn studierte dieses Phänomen und kam zu dem Ergebnis, dass die Älteren überlebten, weil sie schon durch viele Schwierigkeiten des Lebens gegangen waren, die sie überlebt und gemeistert hatten und an denen sie gewachsen waren.

Hahns Theorie: Es sind zumeist nur Vorstellungen, die unser Potenzial limitieren. Also setzte er Teilnehmer einer Serie zunehmend schwierigeren Aufgaben aus, um ihr Selbstvertrauen zu stärken. Hahns zweites Ziel war, den Sinn der Teilnehmer für Pflicht und Mitgefühl für diejenigen, die mit einem zusammen sind zu erhöhen. Er meinte, Menschen seien zutiefst soziale Wesen und er war überzeugt, dass Menschen am besten in Gruppen-Settings lernen.
Das Wildnisexperiment wurde als sechstägige Sequenz Teil des „American Leadership Forum Program"-Curriculums. Wie Jaworski enthusiastisch beschreibt, hatte es genau die erwünschte Wirkung auf die Teilnehmer, die sehr bewegt reagierten, als sie mit ihrer tiefen Zugehörigkeit zur Natur und zum Kosmos in Berührung kamen, ihrem Dasein vertrauen konnten und sich miteinander verbunden fühlten.

Für Bohm war es klar, dass die Menschen eine angeborene Fähigkeit zur kollektiven Intelligenz haben. Sie können zusammen lernen und denken, und dieses kooperative Denken kann zu koordiniertem Handeln führen.
Wir sind alle verbunden und operieren innerhalb lebender Felder von Gedanken und Wahrnehmungen.

Jaworski schreibt im Folgenden weiteres zum Dialog, worauf bereits im Kapitel 8.2.1 „Der Dialogprozess" eingegangen wurde. Er erlebt einen Dialogprozess mit und meint, dass die dort zusammensitzenden Menschen eine kollektive Form von Führen ausüben, die ein einzelnes Individuum einfach nicht hervorbringen kann – und das ist nicht weniger als die Entfaltung eines Schöpfungsprozesses. Auf diese Weise trägt das Denken zur Schöpfung bei, was allerdings nur kollektiv geschehen kann.

Im Koalitionsbildungsmodell war unsere stillschweigende Voraussetzung, dass wir getrennte Individuen sind und dass Koalitionen aufgebaut werden müssen. Im Dialog dagegen wird überhaupt nichts aufgebaut, sondern der Ganzheit, dem inneren Zusammenhang, der implizit ohnehin existiert, erlaubt manifest zu werden, zur Wirkung zu kommen.

In einem Kapitel über die „Fallen", die sich auf seinem Lernweg immer wieder auftaten, kommt Jaworski auf das Buch von Joseph Campbell „Der Held mit den tausend Gesichtern" zu sprechen – ein Buch über den Wandlungs- und Transformationsprozess. Campbells Bild beginnt mit der „Einöde", dem nicht authentischen Leben, welches nicht mehr passt.

Auf verschiedenste Weise und über viele Jahre entsteht dann der Ruf zum Abenteuer und zum Dienen, um dem Leben etwas Größeres zu geben, als wir es selbst sind – also der Ruf, unseren Lebensplan zu erfüllen.

Einige, die so gerufen werden, gehen diesen Weg – andere kämpfen jahrelang mit ihrer Angst. Wir verleugnen unseren Schicksalsruf aus Unsicherheit, aus Furcht vor der Ächtung unserer eigenen Angst und aus Mangel an Mut, das zu riskieren, was bisher erreicht wurde.

Wenn Ja gesagt wird zu dem Ruf, überqueren wir die Scheidemarke zum Abenteuer. In diesem Moment der Entscheidung sagt Martin Buber: „... und das ist nicht einmal eine Entscheidung, was wir dann tun sollten, es ist eher so (...) wir können gar nicht anders." An dem Punkt treten unsere Freiheit und unser Schicksal hervor. „Hier stehe ich, ich kann nicht anders", sagte Martin Luther.

Daran anschließend beschreibt Jaworski einige Fallen auf seinem Weg:
- Die Falle der Verantwortung: Er verfing sich darin, sich für alles verantwortlich zu fühlen, bis er wieder merkte, dass er im Fluss des Universums arbeitete und dabei gar nichts Besonderes war.
- Die Falle der Abhängigkeit: Er begann sich von Einzelnen abhängig zu fühlen und Kompromisse einzugehen – was damit zu tun hatte, dass er sich selbst in Situationen seine Position, seine Reputation zu wichtig nahm. Jaworski merkte, dass er über diese Befürchtungen das große Ziel aus den Augen verloren hatte; nämlich das Werk um des Werkes willen zu vollbringen und nicht aufgrund persönlicher Vorteilsnahme.
- Die Falle der Überaktivität: Weil er anfing, sich selbst zu wichtig zu nehmen und mehr seinem eigenen Tun vertraute als dem Fluss.

Die Macht des Commitment (des Engagements, der Verpflichtung):
„Das ist die wahre Freude im Leben, für einen Zweck gebraucht zu werden, den du selbst für einen mächtigen hältst (...) eine Naturgewalt sein statt eines fiebernden, selbstischen Klumpens von Krankheiten, Gebrechen und Klagen, der sich darüber beschwert, dass die Welt sich nicht darum bemüht, dich glücklich zu machen."
(George Bernhard Shaw, zit. in Peter Senge, „Die fünfte Disziplin", S. 426)

Jaworski wird von einem Raubmörder überfallen, den er vertreibt. Ihm wird dadurch klar, dass er diese Kraft und Entschiedenheit nur aufbringen konnte, weil er sich seiner Aufgabe und seinem Lebenszweck verpflichtet fühlte.

Durch dieses Ereignis lernt er viel über das Engagement, das notwendig ist, um aktiv am Schöpfungsprozess teilzunehmen. Daran zeigt sich, dass jemand im Fluss handelt, sozusagen nicht aufgrund seines persönlichen Willens, sondern aus einem tieferen Grund.

Martin Buber nennt das den Großen Willen: „Der freie Mensch will ohne willkürlichen Eigenwillen. Er glaubt an das Schicksal." (Buber in: „Ich und Du")

Der Seinsgrund dieses Großen Willens ist für Jaworski die implizite Ordnung. Wir kennen das Ziel des großen Willens nicht, wir können immer nur den nächsten Schritt tun.

Dabei nimmt Jaworski ein Paradox wahr: Einerseits wartet er nicht mehr, dass ihm jemand sagt, was er machen soll – er handelt selbstbestimmt. Andererseits ist er dabei dann nicht sein egoistisches Ich, sondern er ist eingebettet in den sich entfaltenden Prozess des Seins. Sobald er sich diesem anvertraute, geschah alles quasi wie von selbst.

Im Lauf der Zeit gibt Jaworski sich immer mehr Raum zum Reflektieren.

Er joggt und meditiert, um im entscheidenden Moment sofort aufgrund des Kontakts mit seinem Inneren handeln zu können. Er verlässt sein Leadership-Forum und wechselt zu der Firma Shell nach London, wo er Leiter des Szenarioteams wird und bemerkt, dass der Shell-Prozess der Szenarioplanung genau ins Zentrum des Quantenblicks von Bohm passt.

Das Unternehmen war auf einmalige Weise offen für ein Verständnis der impliziten Ordnung und machte sich intensiv Gedanken über die Zukunft, sodass dieser weltweite Konzern mit seinen 120 000 Angestellten nicht nur ein genuines Interesse, sondern auch ein Verständnis dafür hatte, dass alles mit jedem zusammenhängt – auch wenn wir dies nicht immer bewusst wahrnehmen.

Jaworski denkt an die Kraftfelder von Rupert Sheldrake, die Zusammenhänge und Verbindungen in der Welt stiften.

Als er das Szenarioplanungsteam aufbaut, stellt er fest, dass die westlichen Mitarbeiter nur an das glaubten, was rational fassbar, messbar war und sich mithilfe von Grafiken und Diagrammen darstellen ließ, während er selbst seit zehn Jahren gelernt hatte, dass gerade das Unmessbare das wirklich Reale und Entscheidende war.

Er reiste sechs Monate durch die Welt und sprach mit über 50 Topmanagern von Shell, um deren Einschätzung zur Zukunft aus ihrer jeweiligen Perspektive kennenzulernen und ihre bewussten und unbewussten Vorstellungen, aus denen heraus sie zu diesen Einschätzungen gekommen waren.

Im Ergebnis kamen er und sein Team zu einem ganz anderen Verständnis der Weltlage, als sie es vorher gehabt hatten.

Er entwarf Szenarien der schlimmstmöglichen Entwicklung der Welt – basierend auf der zunehmenden Verschärfung des Gegensatzes zwischen armen und reichen Länder, Konflikten, Kriegen usw. – und solche der bestmöglichen Entwicklung. Eine wichtige Unterstützung waren ihm Gespräche mit vier bemerkenswerten Menschen.

Der Erste war R. Kaku in Japan, Präsident der Canon Inc..
Laut Kaku gibt es heutzutage nur eine Größe, deren Bemühen, Stabilität in der Welt zu schaffen, ihrem egoistischen Interesse entspricht: die globalen Konzerne.
Seine Erfahrung sei es, dass Unternehmen vier Stadien durchlaufen: Das erste Stadium ist kapitalistisch, was zu Kämpfen zwischen Arbeitern und Management führt. Wenn dies überwunden ist, wenn Angestellte und Management sich als Schicksalsgemeinschaft erleben, kann es in der nächsten (zweiten) Phase zu Konflikten zwischen dem Unternehmen und der es umgebenden Gesellschaft kommen.
Im nächsten Stadium sieht sich das Unternehmen als Teil seiner Gesellschaft, seines Staates und gliedert sich in dessen Interessen ein. Das führt dann zu Konflikten auf internationaler Ebene.
An seinem 50. Geburtstag beschloss Kaku, seinen Konzern auf die vierte Stufe zu heben und sich dafür einzusetzen, die wachsende Ungleichheit auf der Welt und daraus resultierende Konflikte zu bekämpfen und sich dafür verantwortlich zu fühlen. Er ist der Ansicht, dass Politiker und Regierungsbeamte naturgemäß

aus nationalem Interesse handelten, weltweite Konzerne hingegen nur in einer friedlichen, stabilen Welt Geschäfte machen könnten.

Ein weiterer bemerkenswerter Mensch für Jaworski war Roberto T. Alemann, früherer Präsident von Ciba-Geigy und ehemaliger Wirtschaftsminister von Argentinien.
Dieser sagte: „Die Verlockung von Freiheit und Demokratie kann nicht ausgelöscht werden (...). Die Völker in den armen Ländern sind auf dem Weg dieser Revolution zur politischen und wirtschaftlichen Freiheit (...), das wird die Welt grundsätzlich verändern."

Der Dritte war Harlan Cleveland, früherer amerikanischer Botschafter bei der Nato, der meinte, dass wir zurzeit in einem offenen Moment der Weltgeschichte leben. Er zeigte eine detaillierte Strategie auf, welche Schritte notwendig seien, damit nie wieder eine Nation oder Allianz die Welt beherrschen könne.

Der Vierte war Ohmae Kenichi, Direktor bei McKinsey & Company in Japan, der von einer Welt ohne Grenzen sprach, in der durch wirtschaftliche Unabhängigkeit Frieden und Wohlstand auf der Welt geschaffen werden könnten.

Nach diesen Gesprächen entwickelte Jaworskis Team die bestmöglichen Szenarien, wonach bis 2020 das wirtschaftliche und politische Schwergewicht von den jetzt reichen zu den zurzeit armen Ländern wechselt.
Er ist beeindruckt von Leuten wie Kaku, deren Hauptanliegen es ist, gemeinsam das globale Schicksal zu gestalten. Darum geht es eigentlich bei Leadership.

Dieses Thema der Erschaffung einer gemeinsamen Zukunft stand im Zentrum der Arbeit im Leadership-Forum und ebenso bei den Shell-Szenarien – schwierig war nur, dies in Worte zu fassen.
Die Art von Transformation, die miteinander erreicht werden will, erfordert einen grundsätzlichen Wandel in unserem Denken und unserer Umgehensweise miteinander.

Dies sind die gleichen Themen, die Peter Senge und seine MIT-Kollegen beschäftigten: wie die Menschen ihre ungeprüften Vorstellungen für persönliche Gewissheiten halten, wie das analytische Modell nicht seinen Zufälligkeitscharakter akzeptiert und stattdessen vorgibt, notwendig und von universeller Gültigkeit zu sein (und wie das, was wir als „Realität" ansehen, untrennbar mit unserer Sprache und unseren Handlungen verbunden ist).

Zu diesem Zeitpunkt trifft Jaworski mit dem Biologen und Bewusstseinsforscher Francisco Varela zusammen, der seit 15 Jahren an einer Biologie des Wissens arbeitete.

Seine Grundthese lautet: Wissen ist nicht eine Repräsentation der äußeren Welt, sondern deren Hervorbringen durch den Lebensprozess selbst.

Varela sagte, dass die Welt eine ebensolche emergente Qualität von Wachstum, Entfaltung und Weiterentwicklung von Komplexität hat, wie es zum Beispiel Ilya Prygogine für chemische Systeme gezeigt hat, die sich bei Stress von außen auf einer höheren Komplexitätsstufe neu organisieren.

Ein Netzwerk von interagierenden Elementen lässt ein neues Ganzes mit komplexeren Eigenschaften entstehen (dasselbe Phänomen betrifft z. B. Gruppen im Groupfield- oder im Dialogprozess). All dies geschieht ohne einen dahinterstehenden Führer oder Schöpfer.

Die Frage lautet nun: Wenn die Welt offen ist, wie können Menschen sie erfahren? Durch unsere Sprache und unser Nervensystem wird permanent unsere Umwelt konstruiert. Wir können nur sehen, worüber wir sprechen.

Wir existieren in der Sprache. Durch Versprachlichung, wiederholtes Handeln und menschliche Lebenspraxis kreieren wir gemeinsam Bedeutung.

Wir beschreiben nicht die Welt, die wir sehen, sondern wir sehen die Welt, die wir beschreiben. Insofern leben wir eigentlich in einer Welt von Möglichkeiten. Und wenn es also ein nicht substanzielles System gibt, das wir kreieren können – dann machen wir das doch einfach! So können wir Teil des sich entfaltenden Universums werden.

Dazu müssen wir von einer „Haltung der Resignation" zu einer „Haltung der Möglichkeit" wechseln. Wenn wir an einem solchen Platz von „Offenheit", von „Leere" sind (einer Haltung, die wir „Achtsamkeit" und „authentische Präsenz" nennen), dann zieht dies viele Menschen wie ein Magnet an. Und wenn andere auch in diesem Zustand sind, schwingen sie mit uns – und die Türen öffnen sich von selbst.

Menschen mit solchen Fähigkeiten werden meist als außergewöhnliche Menschen angesehen, z. B. als große Krieger bei den Indianern oder als Samurai bei den Japanern.

Darin liegt aber eine große Gefahr, denn das Erreichen eines solchen Zustandes ist nicht nur besonderen Menschen, sondern uns allen möglich! „Normale" Menschen glauben oftmals, dass sie diese Zustände nicht erreichen können. Wir können gemeinsam an der Entfaltung des Universums teilnehmen.

Alle menschlichen Wesen sind Teil dieses ungebrochenen Ganzen, das sich kontinuierlich aus dem Impliziten entfaltet. Eine unserer wichtigsten individuellen wie kollektiven Aufgaben ist es, eine Öffnung zu schaffen, der Entfaltung der impliziten Ordnung zu lauschen und dann Träume, Visionen und Geschichten zu kreieren, von denen wir fühlen, dass sie in uns entstehen.

Der konventionelle Blick auf Leadership betont die Macht der Position und vorzeigbare Leistungen. Bei wahrer Führerschaft geht es jedoch darum, einen Raum zu schaffen, in dem wir kontinuierlich lernen und dadurch befähigter werden, an unserer sich entfaltenden Zukunft teilzuhaben.

Jaworski glaubt, dass dazu wesentliche Veränderungen/Wandlungen nötig sind:
- Wandel in der Weise, wie wir über die Welt denken, sie nicht als Maschine sehen, sondern als eine Welt von Möglichkeiten.
- Wandel in unserem Verständnis von Beziehung, dass wir diese als das organisierende Prinzip des Universums sehen.
- Wandel in unserer Sicht von Commitment (Engagement, Verpflichtung) als den Wandel vom individuellen Willen zur Bereitschaft, den „Großen Willen" geschehen zu lassen.
- Wenn wir uns in diesem Sinne wandeln, ziehen wir viele Menschen an.
- Und die Menschen, die dann kommen, sind genau diejenigen, die gerade gebraucht werden. Türen öffnen sich von selbst, vieles geschieht von selbst – das ist Synchronizität.
- Leadership, das sich in diesem Raum bewegt, hat mit Sein zu tun, nicht mit Tun.

Bei einem großen Meeting vor 350 Menschen erzählt Jaworski, dass sein Vater als Anwalt an den Kriegsverbrecherprozessen in Nürnberg teilgenommen und im Zuge dessen Konzentrationslager mit Verbrennungsöfen besichtigt hatte, z. B. Hadamar.
Jaworski stellt dar, dass sein Weg eigentlich dort begonnen habe, mit einem kleinen Büchlein, das sein Vater darüber geschrieben hatte, mit Bildern vom KZ, von der Vernichtung, und dass er seinen ganzen eigenen Weg versteht als Bemühen, so etwas wie damals nie wieder geschehen zu lassen.
Überwältigt von seinen Emotionen weint er vor diesem großen Publikum, als sich eine Frau zu Wort meldet und sagt: „Mein Vater und meine ganze Familie wurden in Auschwitz umgebracht, und es ist für mich zutiefst bewegend, dass ich heute hier bin und dies hier erleben kann."

Danksagung

An dieser Stelle möchten wir von denen sprechen, die unser Manuskript in eine gut lesbare und strukturierte Druckvorlage verwandelt haben.
Dazu war sehr viel Arbeit an Lektorieren, Korrigieren, Formatieren, Grafikgestaltung und manchem mehr zu leisten.

Karl-Heinz Haas und Nicole Kabisch sowie für die vorliegende Fassung Diana Ennet, Michaela Decker und Alexander Kobs haben dafür viel Mühe, Engagement und liebevolle Genauigkeit aufgebracht – ohne ihre große Hilfe gäbe es dieses Buch nicht. Ihnen gilt unser ganz herzlicher Dank.

Rainer Scheunemann, Ralf Seidel

Literaturverzeichnis

- Arrien, Angeles
  „The Second Half of Life", San Francisco 1989
- Bauby, Jean-Dominique
  „Schmetterling und Taucherglocke", München 1998
- Belbin, Raymond Meredith
  Team roles at work, Oxford 1993
- Benz-Chartrand, Dyrian
  „Groupfield – Essential Solution for Teams and Groups", Santa Barbara 2003
- Berger, Wolfgang
  „Business Reframing", Wiesbaden 2000
- Bohm, David
  „Der Dialog - Das offene Gespräch am Ende der Diskussionen", Stuttgart 1998
- Capra, Fridjof
  „Das Neue Denken", München 1998 und „Lebensnetz", München 1996
- Ciompi, Luc
  „Die emotionalen Grundlagen des Denkens", Göttingen 1997
- Csikszentmihalyi, Mihaly
  „Flow – das Geheimnis des Glücks", Stuttgart 1992
- Damasio, Antonio R.
  „Descartes Irrtum – Fühlen, Denken und das menschliche Gehirn", München 1997
- De Geus, Arie
  „Jenseits der Ökonomie", Stuttgart 1998
- Einsele, Sabine
  „Personalpolitik für ältere Führungskräfte", Diplomarbeit, Konstanz 1999
- Foerster, Heinz von
  „Wahrheit ist die Erfindung eines Lügners", Heidelberg 1998
- Fuchs, Jürgen
  „Das biokybernetische Modell", Wiesbaden 1994
- Goleman, Daniel
  „Emotionale Intelligenz", München, Wien 1996
- Guardini, Romano
  „Die Lebensalter", Stuttgart 1967
- Hartkemeyer, M. & J. und Freeman, Dhority L.
  „Miteinander Denken, das Geheimnis des Dialogs", Stuttgart 2001
- Hasenfratz, Göpf und Scheunemann, Rainer
  „Materialien zu Seminaren ‚Älter werden in der Arbeit'", Olten 2002 ff.

- Heider, John
  „Tao der Führung", Basel 1990
- Jaworski, Stephen
  „Synchronicity – The inner Path of Leadership", San Francisco 1996
- König, Eckard und Vollmer, Gerda
  „Systemische Organisationsberatung", Weinheim 1997
- Krishnamurti, Jiddu
  „Einbruch in die Freiheit", Grafing 1999
- Langer, Ellen
  „The power of mindful learning", Reading 1997
- Laotse
  „Tao Te King", Köln 1982
- Lievegoed, Bernhard
  „Der Mensch an der Schwelle – biografische Krisen und
  Entwicklungsmöglichkeiten", Stuttgart 2004
- Lievegoed, Bernhard und Glasl, Friedrich:
  „Dynamische Unternehmensentwicklung"
- Martı, Lorenz
  „Wie schnürt ein Mystiker seine Schuhe", Freiburg 2004
- Maturana, Humberto und Varela, Francisco
  „Der Baum der Erkenntnis", Bern, München 1987
- Michel, Albin
  „Paroles de paresse", Paris 1999
- Molzberger, Peter
  „Synergetische Zusammenarbeit – ein Schwimmkurs für Führungskräfte",
  Edition bei Human Technologies, München 1989
- Nyanaponika
  „Geistestraining durch Achtsamkeit", Freiburg 2000
- Ram, Dass (Richard Alpert)
  Workshop „Find your real Self", gehalten in , Berkeley 1985, 4 Audiotapes 1985
- Riemann, Fritz
  „Grundformen der Angst. Eine tiefenpsychologische Studie"
- Sheehy, Gail
  „Die neuen Lebensphasen", Verlag List, 1996
- Scheunemann, Rainer:
  „Lebensphasen von Menschen", Vortrag gehalten in Fa. MIGROS, 2003/04
- Scheunemann, Rainer und Vielhoff, Volker siehe unter Vichoff
- Schlippe, Arist von und Schweitzer, Jochen
  „Lehrbuch der systemischen Therapie und Beratung", Göttingen 1999

- Schlötter, Peter
  „Vertraute Sprache und ihre Entdeckung – Systemaufstellungen sind kein Zufallsprodukt – der empirische Nachweis", Heidelberg 2004
- Schulz von Thun, Friedemann
  „Miteinander Reden", Band 3, Hamburg 1998
- Senge, Peter
  „Die Fünfte Disziplin", Stuttgart 1996
- Sparrer, Insa
  „Wunder, Lösung und System", Heidelberg 2002
- Tich Nath Than
  „Der Geruch von frisch geschnittenem Gras – Anleitung zur Gehmeditation", 2002 Theseus Verlag ohne Ort und Jahr (als eines unter vielen Büchern dieses Autors über Achtsamkeit)
- Tondeur, Edmond
  „Älter werden", Zürich 2002
- Van der Brug, Jos und Locher, Kees
  „Unternehmen Lebenslauf", Stuttgart 1997
- Varga von Kibed, Matthias und Sparrer, Insa
  „Ganz im Gegenteil", Heidelberg 2000
- Viehoff, Volker und Scheunemann, Rainer
  „Materialien zu Seminaren, Wertschöpfung durch Wertschätzung"', Kiel, Heidelberg 2003/04
- Watzlawick, Paul
  „Anleitung zum Unglücklichsein", München 1983
- Weber, Gunthard
  „Praxis der Organisationsaufstellungen", Heidelberg 2000
- Wilber, Ken
  „Ganzheitlich Handeln", Freiamt 2001
- Wolinsky, Stephen
  „Die alltägliche Trance", Lüchow 1999
- Zürn, Peter
  „ZEN in der Kunst, sich selbst und andere zu führen"
- Zweig, Stefan
  „Die Welt von Gestern – Erinnerungen eines Europäers, Frankfurt 1982